物語を売る小さな本屋の物語

メリーゴーランド京都は子どもの本専門店

鈴木潤

晶文社

写真　植本一子
装丁　寄藤文平＋古屋郁美（文平銀座）
編集　林さやか（編集室屋上）

子どもの本専門店
メリーゴーランド
メリーゴーランド

はじめに

朝、店の鍵を開けて中に入るとき
誰もいないのに「おはよう」と声をかける。
「おはよう」と言いながら「店の機嫌はいいかな」とか
「調子はどうかな」と考えている。
天気がいい日は窓から明るい光がいっぱい差し込んできて気持ちいいし、
雨の日は少し薄暗く落ち着く。

四条あたりの鴨川沿いにはほとんど建物が建ち並んでいるのに、
駐車場になっている場所があり、そこだけぽっかりと空間が生まれる。
店の窓から外を眺めると、
ちょうどそのぽっかりから鴨川も東山も見えるのだ。
おかげで春は桜、秋は紅葉、清水寺や八坂の塔が眺められる。
鴨川の土手に腰掛けて花見をする人々を目にすると、

あちら側に行きたいなと思いつつも、私はここがいいと思ったりする。

私にとって店は畑のようだ。
いい時もそうでもない時も決して物を言わず、いつでもここにある。
畑の作物のように私が手をかけなければ元気がなくなるし、
声をかけて本棚を整えれば不思議と生き生きする。

こんな風に書くと私が店を守っているようだけれど、
守ってもらっているのは私自身なのかもしれない。

店があったから出会えた本や人たちがたくさんいる。
私と店はよき相棒でいつも一緒だ。
店によって私は生かされているように思う。
なので「いいお店ですね」と言われると、
少し照れくさく、そして心から嬉しいと思う。

こうじけんは

目次

おのまとぺの本

1章

小さな私

お姉ちゃんは本に夢中

初めての本屋

記憶の中にある初めての本屋は、メリーゴーランドだ。

私が生まれた四日市の少し郊外の松本という町にメリーゴーランドができたのが一九七六年。私が四歳の頃のことだ。当時周りは田んぼだらけでそこにポツンと三階建てのビルが建った。その一階が子ども本専門店メリーゴーランドだった。

私には弟が二人いる。小さな弟たちの世話に忙しい母になかなかかまってもらえない私はどこかふてくされた子だったのだろう。それを祖父母や伯母（父の姉）のさっちゃん、曽祖母に相手をしてもらうことで補っていたのだと思う。幼い弟たちは決して入れてもらえないさっちゃんの部屋に、私は我が物顔で入ることができた。

さっちゃんの部屋にはたくさんの本に混じって絵本が何冊か置いてあった。私はその本をそっと本棚から取り出して見せてもらっていた。ほとんどがレオ・レオニのもので家にある絵本とどこか違って特別な感じがした。

ある日、メリーゴーランドという子どもの本屋ができたことをどこかで聞いてきたさっちゃんは私をつれて、その本屋を訪ねた。そこには見たこともないほどたくさんの絵本が表紙を見せてずらりと並んでいた。店の中にはオレンジと白の丸テーブルがあり、その周りに小さな切り株の椅子が置いてあった。大事に見ればいくらでも店の本を手に取ってみてもいいらしい。私は子どもながらに「読んじゃったら買うお客さんがいないのではないか」と心配になった。

初めてメリーゴーランドで買ってもらった本は何だったのかちっとも思い出せないのだが、ここはなんだか特別な場所だなと思ったことをおぼろげに覚えている。これが私の本屋初体験なのだから、今思うと幸せな記憶なのだ。

母は二〇歳で結婚をして二一歳で私を産んだ。二五歳の頃には三人の子を育てていたのだから驚かされる。父も若かったし、その父の稼ぎだけで暮らしていたので、家計は決して裕福ではなかっただろう。給料日になるとレコード屋と本屋をまわって帰ってくる父だったそうで「あの頃はあんたらが病気になったらあかんで、自分は病院に絶対に行けやんかった」と、大人になった私に母が漏らしたことがあった。

そんな中でも母は時々私たち姉弟に本を買ってくれた。誕生日などの特別な日にメリーゴーランドで一人一冊本を選ぶのが楽しみだった。当時『ノンタン』シリーズ（偕成社）が四八〇円ほどだっただろうか、三人分となるとなかなかの出費である。

その頃メリーゴーランドの丸テーブルの上に大きな地球儀のような透明のケースが置いてあった。一箇所丸い穴が空いて手が差し入れられるようになっていて、中にはピクシー絵本（小学館）という豆絵本がわさっと入っていた。それはなんと一冊六〇円だったので、母は三人がなんとかピクシー絵本を選ぶようにあの手この手で頑張ったのだろう。長女の私はそのあたりのことを察して弟たちに「これむっちゃ面白そうやに」とか「こっちのがかっこええんちゃう？」と言っていたに違いない。もしかしたら自分は他の欲しい本を買ってもらうために、まだよくものの分かっていない弟たちにピクシー絵本を勧めていたのかもしれない。私はそういう知恵の働く子どもだった。母と私の努力の成果で、うちにはボロボロになったピクシー絵本がたくさんあった。

隣町への引っ越し

五歳の頃私のお気に入りだった本は『花さき山』（斎藤隆介・作 滝平二郎・絵／岩崎書店）だった。妹や弟のわがままを、お姉ちゃんだからとじっとこらえる様子に自分を重ねていたのだろう。「一つがまんをすると一つ花が咲く」という話で「きっとどこかに私の花も咲いているに違いない。何しろ弟が二人もいていっぱい我慢しているのだから」と想像してみたりした。不憫で健気なお姉ちゃんというのを演じてみてはおそらく満足していた。

母に「いい本を子どもたちに読ませたい」という発想はなかったと思う。特別読書家だったというわけでもない、ほんの二五歳の娘だった。なのによく絵本を買ってくれていたな、よく寝る前に毎日一人一冊ずつ絵本を読んでくれていたなと思う。「なんで毎日本を読んでくれとったん？」と尋ねてみれば「だってあんたらが毎日読んでって言うんやもん」と素っ気ない返事が返ってくるだろう。家にあった本はそんなに多くはなかったし、私の記憶の中に鮮明に残っている本なんて数えるほどなのだけれど何の気負いもなく自然と絵本がそばにあったことには感謝している。

私は少しあまのじゃくなところがあり、みんなが大好きな本にそんなに夢中になれなかった。『からすのパンやさん』（かこさとし／偕成社）はあのいろんなパンが見開きいっぱいに描かれているページに夢中になっている子たちがいる中、私は「なんだかパサパサして美味しそうに見えない」と思っていた。だからどのパンを見てもときめかず嬉々として「○○パンがいい！」と言って盛り上がっている子たちの中に入れなかった。子どもにだって好き嫌いがあって当然で、結局は好みなのだ。みんなが大好きな本を面白いと思わない子だって確かにいることを私は身を以て知っている。それはもちろん本に限らないのだが、その感覚は今でも大事にしたいと思っている。

小学一年生の頃、私たち一家は隣町に引っ越しをした。山が大好きな父たっての願いで、鈴鹿山脈が真近に見える菰野《こもの》町に新しく家を建てることになったのだ。銀行に勤めながら趣味が高じて大工をしているという通称「大工のおっちゃん」が中心になって、父の仲間が集まり高校の技術の教科書を広げながら設計図を引いたり間取りの相談をしていたのを覚えている。

大工のおっちゃんは本職は銀行員だったから、大工仕事は週末に限っていた。そしてもちろん「趣味が高じて」の大工だったから新しい家はなかなか完成しなかった。週末になると家族で菰野に出かけていき木の皮を削るなどの手伝いをしたこともあった。

近鉄バファローズが優勝した一九七九年、家は完成した。野球に興味などなかった私がどうしてバファローズの優勝を覚えているかというと、四日市の近鉄百貨店で優勝セールが華々しく行われたからだった。引っ越しの挨拶にはクラスのみんなに何かちょっとした贈り物をするものだと祖母が言うので、母は子どもたちが喜びそうな手頃なものをクラスの人数分用意しなくてはならなくなった。このうってつけのタイミングの優勝セールへ祖母と母は意気揚々と出かけ、「贈るほうももらうほうもこれなら文句なし」と納得のいく可愛いノートを一冊一〇〇円で手に入れることができた。こうして一年生の一二月、私は転校生となり菰野小学校に転校した。

四日市で通っていた港小学校は一学年一クラスの小さな学校だった。家を出て運河に架かる橋を渡っておうどん屋さんの前を通り陸橋を渡って国道沿いにある学校までは、歩いて二〇分くらいの道のりだった。一年も通わず転校したので港小学校の図書館の記憶はないのだけれど、クラスに学級文庫があり、そこで見つけた『安寿と厨子王』が私が初めて夢中になって読んだ物語だったように思う。お姉さんの安寿と最愛の弟の厨子王が離れ離れになってしまうお話で、間違いなく「この弟思いの優しいお姉さんって私のことだ」と思って読んでいた。実際に弟たちにこんなにも深い愛情を持っていたのかどうかはかなり怪しいが、悲劇のヒロインに憧れている自分にとってはこれ以上ないくらいドラマティックなお話だったことは容易に想像がつく。学級文庫の本は家に借りて帰ることができなかったので、私は休み時間に読むしかなかった。読んでいる最中に誰か他の子に取られやしないかとそればかりが心配で本をこっそり本棚の裏側に隠して死守し、無事読み終えたときはとても嬉しかった。

転校した菰野小学校は一学年六クラスもある大きな学校で、広い広い校庭と明治の初めに建てられた木造の校舎や講堂のある古い学校だった。家からは住宅街を抜け田んぼ道を通りてくてくと子どもの足で小一時間もかかる道のりだ。毎日遠足のような登下校があまりにも辛く毎朝泣いて私は嫌がった。

菰野小学校は読書教育に熱心な学校でもあった。図書室は立派で、日当たりの良い場所にあった。入口の近くに小学館の学年別雑誌を並べた島のような畳コーナーがあり、その島に子どもたちが集まって、いつもにぎわっていた。代本板という本の形をした木の板があり、借りたい本を抜いた後にその代本板を入れておくこともなつかしい。周りに本が好きな友達がいたり司書が面白いおじいちゃんの先生だったこともあり、私は図書室が大好きになった。

二年生の頃『オーロラの下で』(金の星社)を読んでいたく感動した。こんなに夢中になった本は初めてで、仲の良かったかなこちゃんと一緒に作者の戸川幸夫さんに手紙を書くことにした。何を書いたのか全く覚えてないのだが、とにかく面白かったことを伝えたかったのだろう。さて、手紙を書いたもののどこに送ればいいのかわからない。先生や親に尋ねればよかったのに多分二人とも「作者に手紙を書いた」ということだけで満足したのか、投函した記憶はない。あの手紙はどうしたのだろう、かなこちゃんは覚えているだろうか。

私は本に夢中になると授業中も気になって仕方がなかった。休み時間になるとすぐに続きが読めるように、本を開けた状態で机の中に入れていた。『うりんこの山』(北村けんじ・作　瀬川康男・絵／理論社)も夢中になった本だった。夜ごはんを食べて続きを読んでいたらいよいよ佳境に入ってきて涙が止まらなくなってしまった。家族の前で泣くのは嫌なので、父の部屋にこっそり行ってカーテンの中に隠れて最後まで一気に読んだ。一人読後感に浸っていたいのに、こういうときに弟が二人もいるというのは厄介で、どちらかが気づいて「おねえちゃんなにやっとんの?」「なんで泣いとんの?」となる。「もうあっち行って!」と言いながらも泣いてるものだから「なーなー!　おねえちゃんひとりで泣いとるで~」と家族に報告をされたりして、疎ましく思っていたものだった。

本を読むのは大好きだったけれど読書感想文は大嫌いだった。とにかく書くのが嫌で嫌で、夏休みの宿題ではいつも後回しになってギリギリのやっつけ仕事でなんとか書いていたので、その内容はひどいものだったろうと思う。今でも覚えているのは『モグラ原っぱのなかまたち』（古田足日・作　田畑精一・絵／あかね書房）という本の感想を書いたときのことだ。本を読まずにあとがきを読んで書こうかと思ったのにそれもうまくいかず、ついにはタイトルだけで内容を想像して原稿用紙をなんとか埋めたのだ。さすがにこれはまずいなと自分でも思ったとおり先生からは「内容をちゃんと読んだのかな？　感想は読んでから書きましょう」とコメントが添えられて返ってきた。

私はとにかく背伸びをしたがった。夏休みになるとメリーゴーランドに「読書感想文を書くから」という名目で本を買いに連れて行ってもらっていた。その頃買ったのは『ファーブル昆虫記』『ハイジ』などでいつも読んでいる本より少し厚かったり、難しそうな内容のものを選んだ。こういう本を持ってレジに行くと店の人が「へえ、こんな本読むんやねえ」とか「いい本選んだやんか！」と声をかけてくれる。私はそれが嬉しくてわざわざそういう本を選んだ。

さて選ぶまではいいのだけれど、いざ読もうとすると難しく感想も書きにくそうである。「やっぱりもっと書きやすそうな本にしたい」となるけれどもう新しく買ってはもらえないので図書館に行って借りてくることもあった。今子どものお客さんが年の割には難しそうな本を選んでレジに持ってきたりすると、ついつい同じことを口にしてしまう。それが良いのか悪いのかわからないけれど、口にする度にあの頃の自分を思い出す。

お話の「パターン」

三年、四年生の頃に夢中だったのは薫くみこの『十二歳』シリーズ（ポプラ社）や、偕成社から出ていたラング世界童話集のシリーズ『むらさきいろの童話集』『ばらいろの童話集』など。タイトルに魅かれて手に取っていた。いろんな色があって、まるで缶の飴ちゃんを選ぶように「次は何色にしようか」と楽しみにしていた。

ところが、読んでいるうちにだんだんとお話のパターンが見えてくるようになってきたのだ。心の優しい貧しい人と傲慢なお金持ちが出てきて、ちょっとしたハプニングで立場が逆転したり、意地悪なお姫様と器量の良い貧しい女の子が実は産まれたときに入れ替わっていたり……。あるとき子どもながらに「もうええわ」と思ったことがあった。そんな風に考えた自分に我ながらはっとして「こうやって、だんだん子どもでなくなっていくのか」と思ったのを覚えている。

ほかにも『大どろぼうホッツェンプロッツ』シリーズ、『小さい魔女』『小さい水の精』など一連のプロイスラーの作品、『大草原の小さな家』シリーズは特別大好きで寝る間も惜しんで読んだ。

今でこそ立派な建物の図書館が菰野町にはできたのだけれど、当時は福祉センターと呼ばれていた町立の施設の中に図書室があるだけだった。小学校の図書室とは比べものにならないくらい、蔵書はお粗末だった。当然子どもが読みたいような目新しい絵本や読み物はなく、郷土史の資料や町の誰かからの寄贈書が並んでいるような活気のない場所であった。

四日市には図書館があるのにどうして菰野にはないのだろうと思っていた頃、町会議員の選挙があった。選挙カーが通れば下校中の小学生は面白がってこぞって手を振り「こっち見たで〜」とか「お母さんの知り合いやった」など言い合い、子どもの間でも選挙はちょっとしたお祭りのようなものだった。

あるとき、候補者の一人が「私は菰野町に図書館を作りたいと思っています」と言っているのが耳に入った。「この人が当選したら図書館ができる!」と嬉しくなった私は「選挙に行きたい」と母に言い、子どもには選挙権がないことを初めて知った。

結局、その候補者は当選して町会議員になったのに図書館はちっともできず「大人は都合のいいことばかりを言うもんだな」とどこか冷めた目で見ていたと思う。私が大人になって菰野町を遠く離れた頃に、図書館はできた。

四日市市立図書館は、子どもの本と大人の本の空間が棟を分けて設えてあった。子どもの図書館には「おはなしのへや」があって、そこで絵本や紙芝居の読み聞かせができるようになっていた。一九七三年開館当時の四日市市立図書館の取り組みは、とても画期的で全国から視察の人が絶えなかったという。

ここにメリーゴーランドを今でも支えてくれている坂倉加代子さんが司書として勤めていた。「子どもの本屋をやりたい！」と思い立った当時二五歳の増田青年を叱咤激励し育てたのが坂倉さんなのだ（詳しくは『子どもの本屋、全力投球！』晶文社）。

建物がどんなに立派であっても場というのは人が作るものだ。その空間を生かすも殺すも働いている人や集う人である。加代子さんが当時の仲間と作り上げた児童室は、子どもにとって居心地よくそしてカウンターにいる司書の人に本のことを気軽になんでも尋ねられる雰囲気があった。

たねばあちゃんとべんきょうばあちゃん

母は一日中子どもたちの世話や家のことで忙しかったのだろう、幼少期の私は道を挟んで向かいにある祖父母の家によく預けられていた。曾祖母のことを「たねばあちゃん」祖母のことを「べんきょうばあちゃん」と呼んでいた。たねばあちゃんは着物を着ていて毎日髪をつげの櫛で整え後ろで小さく結っている。とても穏やかな人で、中学の教師をしていた娘（べんきょうばあちゃん）に代わって四人の孫を育てた。

祖母のべんきょうばあちゃんは東京の女学校出のハイカラな人だった。卒業して地元の四日市に戻り中学の数学の教師をしようと思っていたのに空きがない。英語だったら採用があると聞いて英語の教師になったそうだ。四人の子どもを産みながらも教師を辞めずに定年まで働いた祖母は気が強くプライドも高かった。洋服は四日市では一番上等の近鉄百貨店のオーダーメイドで、「良いもの」好きだった。とても怖い先生で有名だったらしく、父と結婚することが決まった母に、祖母の教え子だった知り合いが「あんな怖い先生がお姑さんになるなんて絶対苦労するから辞めたほうがいい」と心配して連絡があったというのだから、よほどだったのだろう。厳しいというか短気で頑固、気に入らないとケンケンとヒステリックに怒るタイプだったので中学生にとっても強烈な印象があったのかもしれない。

華やかなことや旅行が大好きだったべんきょうばあちゃんに、私は町内のバス旅行に一人だけ連れて行ってもらったことがあった。京都への日帰り旅行だったのだが大人たちに混じって「ええ子やなあ」とか「お菓子やろか」とチヤホヤとされるので、私は日常を離れて特別な時間を大いに楽しんだ。清水寺近くのお土産物屋で千代紙を使った綺麗な箱をねだって買ってもらったのだが、商品が売れたので店の人が補充するために別の箱を出してきたらそっちのほうがよく見えて「やっぱりこっちがいい」とわがままを言い、べんきょうばあちゃんに文句を言われながらも交換してもらった。その箱は今も裁縫箱として私のそばにある。

京都が大好きだったべんきょうばあちゃんは、今私が京都に暮らして店をやっていることやお寺に嫁いだことを知らない。生きていたらどんなに喜んだだろうと母と話したことがある。

子どもをやっと保育園に送り届けて店で仕事をしていると保育園から「熱があるから迎えに来てください」と電話がかかってくる。そんなとき私は「すぐに迎えに行ったって熱があることは変わりないのだから、もうちょっと仕事してから」と心配より目の前の仕事を優先しがちだ。心配がないと言えばそんなことはないのだが、何をおいても真っ先に飛んでいくことができない。こういうとき私は愛情が薄いのではないかと思うことがある。そして四人の子どもがいても「母」である自分より「教師」である自分の生き方を貫いた祖母に、私はどこか似ているのかもしれないと思う。

　祖父は家の隣でカウンターだけの小さな「らぶろっく」という名の喫茶店を営んでいた。県庁のお役所勤めを定年退職した後、たばこ屋でもしようかと思っていると、家の向かいにたばこも扱う薬屋ができてしまったそうだ。それを見ていた父が「だったら喫茶店をしたらいい」と仲間を集めて店の名前や内装、看板からマッチのデザイン、店内で流すストーンズやビートルズなどのレコードまで持ち込み、祖父の思いとは裏腹に「らぶろっく」は誕生した。

　当然、コーヒーを点《た》てたことなどあるはずもない祖父が、喫茶店を始めるにあたって四日市の諏訪商店街にある老舗の喫茶店に修行に出て、コーヒーの淹れ方を教わったという。こだわりの豆をじっくりとドリップするのではなく、サイフォンで淹れたちょっと酸味のあるコーヒーで、当時の常連さんたちは声を揃えて「らぶろっくのコーヒーはまずかった」と懐かしそうに話す。

　戦時中は技師でパラオへ派遣され、戦後県庁を勤めあげた祖父がいきなり客商売をすることになったものだから、さぞ愛想のない店だっただろうと思う。らぶろっくはいつの間にかちょっと癖のある変わり者の面々が集う不思議な場になっていた。

小さな私もらぶろっくによく入り浸っていた。当時コーラの王冠の裏にフェラーリやランボルギーニなどスーパーカーのイラストが入っていて、その王冠目当てに「誰かコーラを注文しないかな」と待っていた。時々祖父が欠けてしまったウエハースや容器の底に残ったアイスクリームを皿に盛って出してくれたりする。それも特別な感じがして私は嬉しかった。

広い世界へ飛び出して

あこがれの「朝のお祈り」

私は小さい頃から「大草原の小さな家」が大好きでテレビ放送をとても楽しみに観ていた。いつの間にかそこで毎日食事の前とベットに入る前に繰り返されるお祈りに憧れを持っていた。中学二年生のある日、私立高校の学校説明会というのがあった。自分の進路など微塵も考えたことのない頃だ。

四日市にある私立高校の先生が順番に学校の特徴を紹介する中、他の人とは明らかに違う身なりをした一人の初老の女性に私の目は釘付けになった。その人は静かな物腰で「メリノール女子学院」のことを話した。

「朝の朝礼ではクラスにあるマリア像に向かってお祈りをします」、「授業ではキリスト教倫理を学ぶ時間があり、外国人のシスターに教わります」など話を聞けば聞くほど私はすっかり心を奪われた。学校には修道院が併設されていて何人かのシスターがそこに暮らしているそうなのだ。

「ここに行けば毎日堂々とローラのように『アーメン』とお祈りができる！」と思った私は、あっという間に志望校を決めた。当時四日市では私立は公立の滑り止めで受けるのが一般的だったのに、私は両親に頼み込んで公立も受けなかった。

そして晴れてメリノールの制服を着て高校生になった私は、毎日「天にまします我らの父よ……」とお祈りする自分にすっかり酔っていた。女子だけのクラスも新鮮ですぐに気の合う友達もでき、高校生活はとても有意義なものだった。入学が決まった頃から先輩に「入学したら弓道部に来るように」と言われていて、いつの間にかクラブも決まっていた。ちょうど生意気盛りの年頃の女子を満足させるような行事や学びが学校にはふんだんにあったし、ユニークな教師陣、個性的な先輩や同級生たちにも大いに刺激を受けた。当時はお嬢様学校のイメージが強く、私たちが入学する前は「メリノールの修学旅行はハワイらしい」という夢のような噂があったのに、実際の行き先は東北。松島や中尊寺金色堂や五色沼をめぐり、こけしの絵付け体験をした。

学校は少し通いづらい場所にあり、四日市経由でバス通学をする方法もあったのだが、私は弟が二人控えているのに私立に行かせてもらう後ろめたさもあり、少しでもお金のかからない自転車通学を選んだ。これが帰りに買い食いができそうなお店が一つもない田んぼ道が延々と続く道で、行きは下り坂でまだましなのだが冬などは鈴鹿山脈から吹き下ろす「鈴鹿おろし」を全身に受けながらひたすら立ち漕ぎをするというかなりハードな通学だった。電車通学の子たちは「帰りに制服でサーティーワンに寄った」や「駅のホームで他校の男子学生と喋っていたのがバレた」（当時の生徒手帳には「通学時に他校の男子学生と会話をしてはいけません」のような文章が書かれていたように思う）など心ときめく理由で生活指導の先生に呼び出され、校長シスターの前で反省文を書かされていたのだが、私たち自転車通学組は「ノーヘル（ヘルメットを被らずに自転車に乗っていた）が発覚した」とか「制服の下にジャージのズボンを履いていたのがバレた」などという色気のない理由が主だったのだから不憫なものだった。

文化面にも力を入れていた学校で、図書室には常勤の司書の池田先生がいた。中学生の頃は本から遠ざかっていた私もいつの間にか図書室に入り浸るようになり、図書委員の仕事をしながら池田先生といろんな話をした。そこで吉田ルイ子や須賀敦子に出会い「もっと英語を勉強したい、アメリカの大学に行ってジャーナリストになりたい」と考えるようになった。その頃好きでよく観ていたのは、筑紫哲也の「ニュース23」だった。

大学受験を前に四日市の図書館に通っていた頃の私には、密かに憧れる司書のおじさんがいた。貸し出しカウンターにその人がいると嬉しくて何か会話ができないかとドキドキしながら並んだものだった。

ある日『多事争論』（筑紫哲也／朝日新聞社）を借りようとしたときのこと、その人が「これはちょっと難しいんじゃないの？」というようなことを言ったのだ。私はなんだか子ども扱いされたような気持ちになって悔しくて、絶対全部読んでやると強く思った。確かにその人の言うように難しかったのだが、負けず嫌いの性格が功を奏してなんとか読み終えたことを覚えている。

メリノールは中高一貫校で、普通科と英語科とがあり、英語科は中学から通う生徒が主だった。高校から英語科に入る子はとても優秀な子が数名のみ、あとは普通科が二クラス。高校から入る生徒はほとんどが普通科だった。英語科の生徒はわざわざ中学受験をして女子校に通っていたわけで、個性的な子が多く、私は普通科より英語科の子たちと仲良くなった。

同級生の中に、国連で働いている人、ボストンで鍼灸師になった人、ニューヨークでインテリアコーディネーターをやっている人、ミュージシャンと結婚してマネージャーとして世界中を駆け回っている人、美術教師や看護師などみんなそれぞれに自分の道を見つけている友人が多いのは、メリノールでの高校生活が影響しているのかもしれない。

その頃の私のお守りのような本は吉田ルイ子の『ハーレムの熱い日々』（講談社文庫）だった。小柄な日本人女性はアメリカ社会では一人前として扱ってもらえない時代、その小さな体ゆえに悔しい思いもたくさんした著者は、その見た目を逆手にとってみなぎる好奇心と行動力でぐんぐんとハーレムに入り込んでいくのだ。そこでカメラに収められた写真の数々は生き生きとハーレムでの暮らしを写しこんでいた。年の割に幼く見られていた私はとにかく勇気付けられたのだった。

「女子は職場の華になりなさい」

高校を卒業する頃の私は、やっぱり英語が喋れるようになりたいと強く思っていた。高校で留学していた同級生もいたから両親に留学したいと話しても、ちっとも相手にしてもらえない。相談に乗ってくれていた現代国語の池上先生が「お父さんがあなたの壁になっているのは、あなたの気持ちが本物かどうか試してくれていると思いなさい。大学に入ってからでも留学は遅くないものよ」と話してくれたことを今でも覚えている。とにかく厳しくへんくつな父で、一旦「あかん」と言われたら相談や話し合いの余地などなかったものだから反発心も大いにあった。だから池上先生のこの言葉は意外だったのだ。

私が高校卒業後の進学先に選んだのは名古屋の外れにあった小さな短大だった。学費が他の大学より安かったこと、推薦入試で入れそうだったこと、少々無理をすればなんとか家から通えたこと（片道約三時間半の道のり）、そして何よりネイティブの先生がたくさんいて「生きた英語を学べそう」という期待があってのことだった。今となっては何と漠然としているのだろうと思うが、「国際教養学部」という学部の名前も私の目には魅力的に映った。

入ってみるとアメリカにある秘書養成専門学校をモデルに作られた学校で、「ヒールをはきなさい、化粧をしなさい、女子は職場の華になりなさい」という有様。一番反発したのは「ジーンズを学校にはいてきてはいけない」というもので、理由は「ジーンズはアメリカの労働者のもので女性がはくものではない」というとんでもない校則だった。

当然、私は入学と同時に学校から目を付けられることになった。

ホワイトジーンズならバレないかと思い、はいて行っては見つかって呼び出されたり上ばきもパンプスが好ましいと言われていたのに反発してローファーをはいたり。教授や事務から注意されると「どんな理由でパンプスでないとダメなのか」と詰め寄った。

学校に入って間もなくゼミ説明会があった。就職に有利だからと人気のゼミには人が殺到して入れない子もいたようだけれど、私はそんなことには全く興味がなかった。

そのかわりに私の心をわしづかみにしたのは小柄で色が黒く、いたずらっ子そうな目をした男の先生だった。

植村先生は自分のゼミ紹介の番になるといきなり教卓の上に登って、英語で「僕のことはタクと呼んでくれ、先生と呼ぶな。僕のゼミ紹介のページを破れ！　そして捨てろ！　そんなものに何の意味もないんだ！　君達はこれから自分で自分の世界を見つけるんだ」と叫んだかと思うと、自分で破ったページをムシャムシャと食べてしまったのだ。

私はあまりの衝撃と感動でタクから目が離せなくなった。

興奮している私とは裏腹に、ほとんどの生徒と教授陣はとても冷めた目でこの一連のできごとを見ていたのだろう。植村先生と仲の良いアメリカ人のメアリ先生だけが拍手をしていたような記憶がある。後になって知ったのだがこのパフォーマンスは映画『いまを生きる』（一九八九年）でMr.キーティングが名門寄宿学校の初日にクラスで繰り広げるシーンと同じだった。タクがロビン・ウィリアムズ演じるキーティングに感銘を受けてのことだったのだろう。タクはそんなお茶目なところのある人だった。

学校の掲示板に就職先の企業案内が貼り出されるようになった頃、私は名古屋にあった国際交流センターによく顔を出していた。学校の帰りに名古屋駅から歩いて行けたし、そこにはちょっとした学習スペースなどもあったからだ。

ある日、掲示板に貼ってあるピースボートのポスターが目に飛び込んできた。なんと憧れの筑紫哲也さんが「若人よ海へ出でよ」のような文句と一緒に顔写真入りで登場していたのだ。

その頃、筑紫さんの本を読むと必ず辻元清美という名前が出てきた。筑紫さんはこの人物を随分と評価しているようなのだ。私は会ったこともないこの人に密かにジェラシーを抱いていた。

そしてピースボートが何なのか全く知らないまま私は「これに参加したら筑紫さんに会えるかもしれない！　そして辻元さんが何者かわかるかもしれない」という思いだけで、事務所に電話していた。

夜行列車で東京へ

こういうときの私は何かに突き動かされるように行動をする。ポスターに書いてあった電話番号にとにかく電話をしてみようと思いダイヤルを回した。電話に出た人にポスターを見て興味があると伝えるとその人は「学生？　時間があるんだったら東京に出て来てボランティアスタッフで働かない？　時給一〇〇〇円の計算で船賃から割引されるんだよ」と教えてくれた。当時四日市で時給八〇〇円であれば高給であったから、時給一〇〇〇円なんてかなり魅力でもあった。

東京に親戚も知り合いもいないくせに「行きます！」と即答した私は、家に帰ってまず母に「すぐにでも行きたい」と話をした。「まあお父さんに話してみ」と言われて、父の機嫌の良さそうなときを狙って、恐る恐る東京に行きたいことを話した。

予想通り「何考えとんのや、そんなんあかんに決まっとるやろ」とあっさり言われ、話はそれでおしまい。うちの場合、父に一喝されるともうこの話題はおしまいで、これ以上話し合うなんてことはできない。父は聞く耳を持たないし、こちらも父を説得する術を持ち合わせておらず「あかんもんはあかん」となってしまうのだ。いつもならここで諦めるのだが、今回はそうはいかない。二、三泊の旅行のような感じで様子を見てくると母だけに伝えて、私は東京へ向かった。

当時東京に行く一番安い方法は夜行列車だった。「ムーンナイトながら」は大垣と東京の間を走っていたJRの夜行快速列車で、青春18きっぷを使えば三〇〇〇円弱で東京まで行くことができた。座席は背もたれの倒せないボックス席だし決して乗り心地が良いとは言えないが、何よりも安いことが一番重要だった。

東京なんて中学校の修学旅行以来。私はかなりびびっていた。山の手線は地下鉄だと思い込んでいたし、東京の電車の中で居眠りをしたら身ぐるみ剥がされると本気で思っていたものだから、リュックをお腹に抱えて、うとうとする余裕もなかった。

けれど山手線にだって四日市や名古屋にいそうな雰囲気のおばちゃんもいるし、居眠りしているおじちゃんもいる。ランドセルを背負った小学生だって楽しそうにお喋りしていて、余裕さえ感じられる。東京はおしゃれで怖いところと思っていたけれど、自分と同じようにそこに生まれて暮らしている人たちがいる当たり前のことにハッとした。

必死でピースボートの事務所のある高田馬場まで行き、雑居ビルの中にある小さな事務所を訪ねた。今思えばスマホもない時代、方向音痴な上に土地勘も全くない私がよくあそこまで辿り着けたものだと思う。ただただ必死だったのだ。

ピースボートの事務所はごちゃごちゃとして小さく、その中で自分と同い歳くらいの若い人たちが忙しそうに電話を受けたり隅っこで何やら話し合いをしたりしていた。

その日は緊張と事務所の熱気に当てられてとにかくぼーっとしていたと思う。日が暮れてきた頃、三つ編みにメガネをかけた女の人がバタバタと騒がしく事務所に入って来た。みんなが「清美ちゃん」と呼ぶその人こそ私の密かなライバル(?)の辻元清美さんだった。

清美ちゃんは事務所に入ってくるなりゴミ袋を手にして事務所のゴミ箱のゴミを集め出し、いろんな人と賑やかに喋りながらチャキチャキと動き回っていた。誰かが「この子、今日三重から来た鈴木さん」と清美ちゃんに紹介してくれた。「へー！　三重、うちの両親のうどん屋は名古屋にあるねんで」と清美ちゃんに関西弁で話しかけられ私は面食らった。

ボランティアスタッフの仕事は主にポスター貼りだった。事務所からポスターを受け取って二、三人でグループを作り「今日はこの辺りに行って」と一応指示を受けていたように思う。私にとっては仕事というより一緒にグループになった人たちとおしゃべりしながら東京のあちこちを歩いて知らない街を巡るのだからひたすらに楽しかった。四、五日経ってそろそろ家に帰らないと心配してるだろうなと思い一旦帰ることにした。「またすぐにおいでよ！」といろんな人に言ってもらって私もすぐに戻ってくるつもりで三重に帰った。

ろくに連絡もしなかったものだから両親には当然こっぴどく叱られた。それなのに「またすぐに行く」と言い出し「アホか！」と父に一喝されて絶対に許してもらえない。さすがに母も呆れてしまい、今度ばかりは協力もしてもらえそうになかった。実家に戻りまた日常が始まったけれど私の心はもう東京にしかなかった。二、三日経った頃、いても立ってもいられない私はまた荷物をまとめて今度は家出さながら東京に向かった。

熱心に事務所に通っていたくせに、私はピースボートの実態がよくわかっていなかった。その頃は「黄金アジア航海」という、長崎から出航して香港、ベトナム、カンボジア、フィリピンを巡るアジアクルーズの準備期間だった。ベトナムの女性たちが仕事を持つことができるような支援をしようと奔走していた女の子がいた。彼女は集めた中古の足踏みミシン（電源もない村で使うため）の修理を大手のミシン会社にやってもらえるように交渉していた。着るもののない人たちのために集めた衣料品に博多の税関が関税をかけるという電話が事務所に入り、電話を受けた人が「今から博多に交渉に行くけれど行ける人いる？　できれば車の運転ができる人」と言うと「行く！」と何人かの有志が手をあげてあっという間に出かけて行く。どうやらプロジェクトごとにリーダーがいて、みんな自主的にいろんな事を立ち上げ動かしているようだった。

必死で奔走している人がいるかと思えば、ただただおしゃべりするために事務所に一日中いる人もいた。議論が白熱して喧嘩になっているかと思えば、徹夜明けで机に突っ伏して寝ている人もいる。

とにかく自由だった。事務局はみんなが伸び伸びとそしてバラバラと何かに向かっている不思議なパワーではち切れそうだったし、私はその目に見えないパワーに刺激を受け、魅せられていたのだと思う。

アジアクルーズ

アジアクルーズはゴールデンウィーク期間に合わせて企画されていた。けれど参加するためには学校を何日か休まなくてはならなかった。そのことをタクに相談すると「そんなチャンスはなかなかないんだから行ってくるといい。応援するよ」と言ってくれた。

けれどあらかじめ休むことがわかっているなら学校に伝えておいたほうがいいということで私は学校の事務所を訪ねた。

案の定、事務の人達はいい顔をしなかった。「そんな危ない国に行くために学校を休むのか」「もし事件に巻き込まれたらどうするんだ」など言われ、「これだけ休んだら出席がギリギリだから今後もし一講座でも休んだら留年決定だ。そうなったら就職に大変不利になるから覚悟するように」と言われた。私は「絶対に休みませんし絶対に留年もしません」と言い切った。そのときは何があっても休まない根拠のない自信があった。一番の理由は「こんな退屈な学校に留年するなんてとんでもない！」という思いだった。これ以上余計な時間もお金もかける気は毛頭なかったのだ。

いい学校だったかと言えば、少なくとも私にとってはいい学校ではなかった。とにかく何かあると就職のことばかりを口にする事務所や教授陣、いい企業に就職したい学生たち。「就職」という得体の知れないものがどうしてこんなにもみんなの頭の中を一杯にしているのか本当に理解できなかった。

今思えば学校が私にとってそこそこ楽しい場所でなくて本当によかったと思う。そのおかげで私の目はぐっと外に向けられたのだから。

もし学校生活に満足していたら、彼氏ができてバイトで稼いだお金で楽しく遊んで暮らしていたら、今のように本屋をやっていなかったかもしれない。

人生は間違いなく繋がっている。「一生の汚点」と思い出したくないようなできごとも、「一生の不覚」と誰にも話せないようなできごとも含めて、その点と点が繋がって蛇行する川の流れだ。ボタン一つでリセットなんてできるわけがないのだけど、人は良くも悪くも「忘れる」のだ。私は自分に都合の悪いことや嫌だったことはちょっと隅っこに置いておいていつもは忘れているのかもしれない。「忘れたいこと」「絶対忘れたくないこと」「自慢したいこと」「つまらなかったこと」などなど全部ひっくるめて私の人生なのだ。

初めてのピースボートのクルーズを終えて私は日常に戻った。撮りためた写真の現像が上がってきたのでそれをスクラップブックに貼り、メモを書き込んだアルバムを作った。最後に見た人が自由に感想を書き込めるようなページを作った。なかなかよくできたので旅の報告代わりに友人や先生に回して見てもらい、評判が良いことに気をよくした私は、ふと学校の事務の人達にも見てもらおうと持っていった。

二、三日して戻ってきたアルバムには「初めて話を聞いたときはどうなることかとひやひやしましたが、素晴らしい体験をしたのですね。これからの人生に活かして下さい」と事務の人からのコメントが書いてあった。

何も期待していなかった私はびっくりした。最後にはちゃんと「無事に卒業できるように頑張って下さい」と書き添えてあった。このとき初めて、「事務と学生」ではなく

「人と人」として繋がったような気持ちがした。「大人は立場や建前でものを言う。それは決してその人の本心ではないのかもしれない。けれどそれが仕事というものなのかもしれない」とも思った。

ジャーナリストになりたい

サンフランシスコへ

色々あったけれど、私は短大を無事に卒業することができた。私は就職活動は一切せずに卒業したらアメリカに行こうと、一人で着々と準備を進めていた。学校が斡旋する留学先というのがあり学校に頼めばスムーズに留学することはできた。けれど私は意地でもこれ以上学校の世話にはなりたくなかった。

国際交流センターの中に留学斡旋業者が事務所を構えていて、無料で相談をすることができた。いろんな情報を集めてもらうところまでは無料なのだが、留学先を決めて手続きとなるところから料金が発生する。相談だけしてあとは自分でやることにした。二年間でいろんなアルバイトをしながら私はひたすら留学のためにお金を貯めていた。

高校の頃からおぼろげに「ジャーナリストになりたい」と思っていた私はピースボー

トに関わったことでその思いをさらに強くしていた。

当時短大卒で新聞社に記者として就職するのは難しく、浅はかにもアメリカに行くことで「箔をつけてやろう」と思ったのだ。こういう思考はどこか世間擦れしているのだが「箔をつけるため」に自分なりに知恵を絞った私は、アメリカにある日系の新聞社に「なんでもするので雇ってほしい」と手紙を書いた。

内容は「ピースボートに乗って初めて世界を自分の目で見て、ジャーナリズムに興味を持った。アメリカで英語を身につけて将来に活かしたい」などだったと思う。

私の予想では一月もすれば私のこの漲るやる気を買った誰かから、「ぜひいらっしゃい！」と返事が来る予定だった。なのに待てど暮らせどなしのつぶて。ひょっとして事故で手紙が届かなかったのかもしれないと心配になっていた頃、一通のエアメールが届いた。

もうダメだと落ち込んでいたので、一気に世界がひらけた気分で封を切った。手紙は定年間近の新聞記者の方からで「あなたの手紙を読んで若い頃を思い出し瑞々しい感性に感動しました。どうぞアメリカで英語を学んであなたの道を見つけて下さい」とあり、私の期待するような内容ではなく、感想と励ましの言葉が綴られていた。ところが私は「この人の働くサンフランシスコに行くのだ！」と行き先をあっさりと決め、サンフランシスコ界隈の大学を調べ費用の比較的安い（ここは相変わらず重要）「カリフォルニア州立大学ヘイワード校」に行き先を決めた。入学のための資料を取り寄せ、なるべく安いチケットを手配し、私はアメリカへと飛び立った。

サンフランシスコに着いたらこの人に連絡を取ろう。本当に日本からやって来たことに感動して、きっと私を雇ってくれるに違いない。大いなる勘違いをしたまま私の留学生活は始まったのだが、いざとなるとなんだか気が引けて、結局この人に会うことはなかった。

大学では「カルロスビーホール」という寮に入った。ルームメイトはヒョンジュという名の韓国人の女の子。大学の授業はESLクラスから始まるのだが西海岸ということもあってクラスの半分は日本人だった。次に韓国、台湾からの留学生が多く、フランス、スペイン、ドイツ、イタリアなどヨーロッパ人が数名。私は少しでも早く英語を話せるようになりたかったので日本人の留学生とはなるべく距離を置いていた。

ルームメイトが韓国人だったことは私にとってありがたく、しょっちゅう韓国人の子たちの集まりに混ぜてもらっていた。ヒョンジュたちは夜な夜な誰かの部屋に集まって韓国のカップラーメンを食べておしゃべりをしていた。ハングルはちっともわからないのに何を話しているのかなんとなく想像しながら私もその中に混ざっていた。見ていると目上の人のことをとにかく立てる。そして一番年下の子のことをみんなで妹や弟のように可愛がっているのがわかった。

アメリカに行けば英語が喋れるようになるだろうと思っていたのに、私が日々顔を合わせるネイティブのアメリカ人といえばクラス担任のショーンと食堂でバイトしている学生たちだけだった。日本人の子たちと放課後や休日を過ごせば英語を話さないで過ごすことさえもできた。これは油断をして楽しく暮らしているだけでは到底英語は身に付かないということだ。私は早くなんとかしなくてはと気ばかり焦っていた。

図書館で出会った〝古い友達〟

大学はとにかくつまらなかった。英語の文法なんかはもう飽き飽きでもっと違うことがしたかった。私は地道にコツコツというタイプではなく、とにかく何でもやってみたい。だから座学で英語を学ぶというよりは「仕事をしながら必要に迫られて英語を必死に使っているうちに話せるようになっていた」の方が性に合っているのだ。

このまま高い学費を払って大学に通うのは何となく気が進まない。かといってビザの問題があるので学校を辞めるわけにもいかない。とにかくネイティブの知り合いがほしかった。

「街に出てボランティアをしたらどうだろう?」。そう考えた私は日本に帰国する知り合いから自転車を安く譲ってもらってダウンタウンをぶらぶらするようになった。私の暮らしていたヘイワードはサンフランシスコからバートという電車で三〇分くらいの郊外にある町だった。私はここなら何かボランティアの仕事があるかもしれないと、図書館を訪ねた。こじんまりとした図書館だったが、児童書コーナーがあり何となく棚を見ているとアーノルド・ローベルの『ふたりはいつも』やレオ・レオニの『スイミー』など知っている本が何冊も目に止まった。遠い国に来て心細く少し緊張していた私は古い友達に会ったような不思議な気持ちになった。

本は物を言わない。たとえ書かれているのが英語だろうがスペイン語だろうが絵本の絵は世界共通だ。物語はすっかり身体に染み込んでいるのだからページをめくればお話と一緒に母の声や本を読んでもらっていた部屋の敷物の模様などが思い出された。

懐かしい絵本たちに励まされたような気持ちになって図書館のカウンターで「留学生なのですが何かボランティアでお手伝いできることはないでしょうか?」と尋ねた。

しかしカウンターの女性に「英語が話せないのにどんな仕事ができるっていうの?」「話せるようになったら来なさい」とあっさりとあしらわれてしまった。きっと歓迎してくれるに違いないと思っていた私は「そんなに甘くないもんだな」とショックを受けて帰ろうとした。すると奥からおじさんが出てきてカウンターの女性と何やら話して、「なんでもいいなら明日また来て」と言われた。

翌日、あてがわれた仕事は古い書架の整理だった。他のボランティアは地元のおじいさん、おばあさんたちで老人クラブの集まりのような雰囲気だった。みんなのおしゃべりを聞きながら言われた仕事をしようとするのだけれどさっぱり要領がわからない。結局ほとんど何もできないうちにその日は終わってしまった。年配の友達ができたらさぞ楽しいだろうな、「もしかしたら『うちに空いてる部屋があるからホームスティしたら?』なんてことにならないかな」などと想像を膨らませたりしてみたがそんなことにはついぞならず、いつの間にかボランティアからも足が遠のいていった。

大学からアダルトスクールへ

ダウンタウンにアダルトスクールという政府が運営している生涯学習センターのような学校があった。そこは学校を中退した人が「GED」という高校の卒業資格を取るために通ったり、定年退職した人が興味のあることを学びに来たり、英語がまだ十分に話せない移民の人たちが仕事を見つけるための最低限のスキルを身に着けるために通ったりしていたので、それはそれはバラエティーに富んだ人たちがいる学校だった。テキスト代は一ドルか二ドル、学費は基本無料。そして何より日本人がいなかった。

私は大学を一クォーターで辞めてこの学校に通うことにした。

アダルトスクールで出会ったアメリカ人やメキシコ人はみんな慎ましい生活を送っていて、ベッドルームがいくつもあったりプールがあったりするような大きな家に暮らしている人はいなかった。私は、今まで見たり読んだりしたものの中で勝手にアメリカやアメリカ人のイメージを作っていたのだ。世界は広い。いくらインターネットが普及して世界中の情報が手に入ったとしても実際に会って、見て、暮らしてみないとわからないことだらけなのである。

今のように携帯はおろかパソコンさえも普及していない頃のことだから、日本とのやりとりはもっぱら国際電話かエアメールだった。国際電話は高いのでアメリカにいる間に一度くらいしか使わなかったように思う。アメリカの生活に慣れずに寂しい思いをしていた頃にはよく手紙を書いていたのに、友達もできて楽しくなってくるとなかなか手紙を書かないものだから、母から「たまには連絡しなさい」と叱られたものだ。

今では考えられないけれどインターネットがなければないで何とかなっていた時代が

確かにあった。その頃に一〇代、二〇代を過ごせたことは私にとっては幸せなことだったと思う。

アメリカ人の友人もでき楽しく暮らしていたが、一年経った頃、そろそろ日本に帰って働こうかなという思いが浮かんできた。そうと決めるとあっという間に帰国の手筈を整え、買い集めた古着屋スノボーを抱えてアメリカを後にした。

実家に帰り、久しぶりの友達と会ったりよく行っていたお店に顔を出したりしていた頃のこと。父の行きつけの喫茶店を覗くと、「アメリカで頑張ってたんやってなぁ、お父さんから色々聞いとるよ」とマスターが私に言った。家では家族とロクに口もきかぬ父が、外では意外とおしゃべりのようだった。「あいつは恵子(母)に似て根性があるってお父さん感心してたで」とも言われた。

私は面と向かって父に褒められた記憶がほとんどないのでこれには本当に驚いた。そして私のことより母のことを「根性がある」と思っていたんだと、そのことがなんだか意外だった。

帰国してしばらくはブラブラとした後、そろそろ仕事を探そうと思い四日市の職安に行ってみた。「英語を使う仕事をしたいのですが」と言うと「あんたここどこやと思っとんの？　せめて名古屋に行かなあるわけないやろ？」とあっさりと言われ、「そりゃそうだ」と思った。無料のバイト情報誌をペラペラとめくりながらそこで働く自分を想像するのは楽しいものだった。偶然見つけたのが、広告代理店の営業の仕事だった。広告代理店がどんな仕事をするのか全く知らなかったが、初任給が他の仕事より高く、おもしろそうだったので面接を受けてみることにした。

広告代理店の仕事

アメリカ帰りというのが珍しかったのだろう。その会社では初の女性の営業として採用された。初めの頃は営業の仕事とはなんぞやとあれこれ教わるために上司の仕事に同行していた。そのうちポケベルと車をあてがわれ、一人で営業に出るようになった。会社が扱う広告は中日新聞の新聞広告、折込チラシ、地元のラジオやテレビのスポットやコマーシャルがメインで、時々看板やイベントの企画などの仕事もあった。初めの頃は先輩が企画した広告の枠を埋めるべくあちこちの会社やお店を回っていた。私のような新人はとにかく新規飛び込みで件数を稼いで当たって砕けるしか道はなかった。

広告代理店というと何となく華やかなイメージがあるかもしれないのだが、田舎町なので「広告代理店？　何やその会社は？」という反応をされた。あとは「一枠五万の広告を出して一体どれくらいの効果があるん？」と言われることもある。そうなると説得できる術もなく「本当にそうですよね……」とこちらが納得してしまうのだからなんとも頼りのない営業だった。時々まぐれ当たりのような感じでポツンポツンと仕事が取れることがあったけれど、そこにやりがいを見つけることは難しかった。

そろそろ自分の企画を立ててみろと言われ、松本街道にあるお店を六軒、新聞の下三段の掲載広告を考えた。企画書を片手に街道にある店を端から順番に尋ねるのだ。メリーゴーランドがあるのも松本街道だった。「ここに行っても広告なんて絶対に出してもらえないだろうな」と勘が働いたにもかかわらず、訪問軒数を稼ぐために訪ねた。

対応してくれたのは森仁太郎《じんたろう》さんという男性だった。仁さんは接客好きな性格で、ちょうど暇だったのだろう。見るからに不慣れな営業の私を見て面白そうに話を聞いてくれた。企画書を見せて一通りの説明を終えると、仁さんは「うちはオールオアナッシングの精神でやってるんです」と言った。ぽかーんとしている私に仁さんは、得意気に「出すなら全部出す。出さないなら全部出さない。全部出すわけにはいかないから全部出さないってこと」とわかるようなわからないような説明をした。少しでも印象を良くしようと私が子どもの頃によくメリーゴーランドで本を買ってもらっていたことを伝えると、「へ～！　あなたもメリーゴーランドで育ったんだ。うちはそういう店なんだよ。今ではいろんな講師を招いて講演会をしたり常に文化を発信しているからまたちょくちょく遊びに来たらいい」とメリーゴーランド新聞やら講演会のチラシやらをあれこれ持たされて逆に営業されたような形になり、なんだか面白くなかった。

私の初の企画は早くも壁にぶち当たった。掲載日ギリギリまで粘ったけれど定価で売れた枠は二つ三つで、後は先輩に泣きついてお得意先に格安で広告を出してもらうという離れ技でなんとか掲載の日を迎えた。結果はよくはなかったものの、初めての掲載はそれなりに嬉しいもので、切り取って大事にファイルした。

月一度の本社での営業会議もなかなかハードなものだった。小さな会議室に一〇人ほどの営業が集まってそれぞれの業績の報告などをする。私以外は全員男性で、ほとんどヘビースモーカーだった。たばこの煙で息苦しい部屋でひたすら社長の説教を聞くのだ。大した報告もない私は退屈な会議にじっと耐えながら、「これが社会人というものなのだ」と自分に言い聞かせていたように思う。

緊張感も薄れてきた頃、仕事に対してだんだん疑問が湧いてきた。新規飛び込みを繰り返していて気持ちよく対応されることはほとんどなく大抵が門前払い。名刺さえも受け取ってもらえないことが多く、何より広告という形のないものをいかにも「効果がありますよ」と言わんばかりにお客さんに説明することに虚しさを抱くようになった。そんなことを上司にポツリと話すと、「お前はアホか、そんなこと考えとったら取れる仕事も取れやんぞ！」と一喝され、そのうち仕事に行くのも営業に出るのもどんどん辛くなっていった。

人に会うのが億劫になってきてぼんやりと転職を考えるようになってきた頃、街でよく見かける自動販売機に商品を補充している人がうらやましく思えた。私は苦労して売った広告の効果がないとお客さんに叱られるけれど、ジュースがまずかったと言って自販機に苦情を言う人はいないだろう。そんなことばかり考えるようになっていたのだから、かなり病んでいたのだと思う。人と関わらない仕事なんてないと思いつつ、なるべく人と関わらなくてもいい仕事ってなんだろうとそればかり考え、ついに辞めようと思った。

上司からは「この程度でやめるなんてあんたの人生は今後何をやってもたいしたことないやろな」と言われ、社長からは「やっと一年かけて育ててこれから会社のために働いてもらわなあかんのに、何を考えとるんや、お前は給料泥棒や。会社にどれだけの損害を与えたと思っとるんや」とどやされた。

自分ではこんなに辛い思いをしているのに胃に穴も開かず、倒れることもない。夜になったら眠たくなって、朝になったら目がさめる。お腹が空いてご飯を食べたくなる自分はどうかしているのではないかとさえ思った。

そんな頃、曾祖母のたねばあちゃんが夢に出てきた。「潤は頑張ったんやからもうええよ」とおばあちゃんは言ってくれた。

それまでたねばあちゃんの夢なんて見たことなかったので、これは自分に都合よく見た夢だなと思いつつ、なんとなくほっとしたのを覚えている。

2章

子どもの本専門店

メリーゴーランドとの再会

本屋でバイトしてみたら

広告代理店の仕事を辞めてしばらくはゆっくりしようと思っていた頃、父の友人で、祖父の店「らぶろっく」の常連でもあった塩竹政之さん（塩ちゃん）が珍しく私を訪ねて家に来た。父や祖父の友達である塩ちゃんとは個人的に行き来があったわけではないのだけれど、生まれた頃から知っているので私が赤ちゃんの頃塩ちゃんの膝の上でおしっこをした話は語り草のように何度も聞かされていたし、五歳の頃、弟と二人で塩ちゃんにアイスクリームを買ってもらって港で食べたことはしっかりと覚えていた。母に「買ってもらったらあかんよ」と言われていたのにチョコのかかった一〇〇円のアイスを買ってもらったからだ。私がアメリカに行くと聞いたときも塩ちゃんは私を訪ねてきてくれて「兄がシリコンバレーにいるからもし困ったことがあったら訪ねたらいい」と電話番号を渡してくれた。

四日市は小さな町なので私が勤めていた代理店にも塩ちゃんの知り合いがいた。私がいい辞め方をしなかったこともどこかから聞いたのだろう、心配してくれたのか「暇にしとるんならメリーゴーランドがバイト募集しとるぞ」とわざわざ言いに来てくれたのだ。塩ちゃんは「お前小さい頃から本が好きやったやろ」とも言った。どこかでバイトでもしようと思っていた頃だったし、メリーゴーランドという店の名前にはなんだか懐かしい響きがあった。

「メリーゴーランド、悪くないな。それに本屋でバイトすれば本を好きなだけ読めるだろうな」とぼんやり考えた。何より本屋というのは責任がなさそうで楽な仕事かもしれないと思ったのだ。「買った本が面白くなかったからと言って、本屋に文句を言う人はいないだろう。悪いのは出版社であり作者なのだから」と本気で考えた。今もしも面接であの頃の私が考えていたようなことを言う人がいたとしたら呆れ果てるだろう。けれどその大いなる勘違いのおかげで今の私がいることは疑う余地もない。

メリーゴーランドを立ちあげた増田喜昭さんはメリーゴーランドのある四日市の松本で生まれ育った。店の建っている土地は増田家の田んぼの苗代があったところだ。大学を卒業した増田さんが名古屋の商社に勤めていた頃、お父さんが地元に文化を根付かせようと鉄骨三階建てのビル「ときわ文化センター」を建てた。
商社の面接で「三年は頑張ります」と言った増田青年はきっちり三年で会社を辞め、ときわ文化センターの一階を借り、一九七六年に子どもの本専門店メリーゴーランドを開いたのだ。一般書店と違って、子どもの本に特化した店というのは当時では珍しく、地元の人はなかなかこの風変わりな本屋に馴染めなかったようで、増田さんも初めの頃はかなり苦戦したらしい。けれど持ち前の前向きな性格と周りを巻き込むパワー、甘え上手な末っ子気質が功を奏してメリーゴーランドと増田さんを応援してくれるお客さんや作家が少しずつ増え、メリーゴーランドはゆっくりと回り出したのだ。

面接には増田さんとオールオアナッシング精神の仁さんがいた。「うちは本屋の他に雑貨や喫茶、企画などいろんなことをやってるけれど何がやりたいの?」と聞かれ「いろんなことに興味があるので何でもやってみたいです」と答えた。次に「月にいくら欲しい?」とも聞かれた。私はあまり深く考えず最低一〇万あれば生活できるかなと思ったので馬鹿正直にその通り答えた。他に何を話したのか記憶にないのだけれど、メリーゴーランドの喫茶でお茶を飲みながらメリーゴーランド新聞をもらい、あとはメリーゴーランドや増田さんがどんなにいい仕事をしているのかというような話を聞き（営業に来たときも同じだった)、他にも何人か希望者がいるから結果は一週間後くらいに電話すると言われ、家に帰った。

一週間が経ったのに、待てど暮らせど電話はかかってこなかった。

きっとダメだったんだろうなと思っていた頃、増田さんから「塩竹さんと今度スキーに行くのだけれど良かったら一緒に来ませんか」と電話がかかってきた。塩ちゃんは増田さんの友人でもあったのだ。一瞬私は戸惑って、「これもやる気を試すための二次試験なのだろうか」という思いもよぎったものの、そんなバカな話はないと思い「都合が悪くてスキーには行けないのだが面接の結果はどうだったのでしょうか」と遠慮がちに尋ねた。増田さんは一瞬「え？　まだ電話かけてなかったっけ？　ああ、合格ですから来週から来てください」と言った。「なんていい加減な会社なのだろう！」とびっくりしたけれどこれくらいが私にはちょうどいいのかもしれないとも思った。こんな調子で希望もやる気も持ち合わせないまま、なんとなく私はメリーゴーランドでバイトとして働くことになった。一九九六年のことだった。

メリーゴーランドで長く働いていたミキちゃんというスタッフがやめることになり、私はミキちゃんの仕事を引き継ぐために採用されたようだった。当時のメリーゴーランドは喫茶をよしこさんとともちゃんが、本屋を店長のまりちゃんとまき、雑貨をいずみちゃんが回していた。私は本屋の荷物開けや返品作業を教えてもらいながらミキちゃんがやっていた企画のチラシの作成や、お客さんの名簿の入力などをやることになった。

ヘンテコな人が集まる店

出勤して初めての日、緊張している私に「一緒にお弁当を食べよう」と声をかけてくれたのがまきだった。まきは地元の短大を卒業してメリーゴーランドに就職したという、メリーゴーランドではとても珍しい新卒採用で入社したスタッフだった。人見知りで不器用、頑固だけれどなんだかほうっておけないタイプの人で、年も近い私たちはすぐに仲良しになった。その頃は私やまきが一番年下でみんなに可愛がってもらっていた。雑貨では赤ちゃんのおもちゃや洋服も扱っていたのだが中でも珍しかったのが高田喜佐さんがデザインするKISSAというシューズブランドだった。KISSAの靴は物語の中から飛び出してきたようなとにかくユニークな発想と自由なデザインで喜佐さんの人柄そのもののような、とてもチャーミングなブランドだった。新しい靴が入荷すると店を閉めてからスタッフが集まってきてあれこれ言いながら試着が始まる。KISSAの靴は上等でなかなか手の出るものではなかったけれど初めて自分に靴を買ったときはとても嬉しかった。メリーゴーランドはただの本好きが集まっているわけではなく、食いしん坊でおしゃれでヘンテコな人が集まる不思議な店だった。

上下関係もほとんどなくみんな仲良くやっていた。とにかく気持ちが楽だったのだ。少しずつ店の雰囲気にも馴染んできた頃、「前の仕事でメリーゴーランドに営業に来たことがあった」とついうっかり仁さんに話した。すると仁さんは「え！　そうだったの！　あの企画書まだあったと思う」と言って私の企画書を出してきたのだ。私は見たくなかったのだけれど、仕事に直接関係のないようなものまで資料として取っている仁さんのマメさに驚いた。

仁さんは資料の整理に関してはものすごく長けていた。この能力がもっとも発揮されるのがメリーゴーランドが毎月開催している、レクチャーと呼ばれる作家の講演会の打ち上げの席で、久しぶりに会った作家さんが「あのとき、あんなことがあったよねえ」と言うと仁さんはすっと事務所に消えていき、次に現れたときには手に写真や関連資料を持ってくる。そして「こんなのがどうして今出てくるの！　流石だわ！」となり場を大いに盛り上げるのだった。

もともと別の仕事をしていた仁さんは増田さんと出会ってメリーゴーランドで働きたいと思ったそうだ。「自分の給料を自分で稼ぐならいつでも来い」と言われた仁さんは、メリーゴーランドに企画という新しい部署を作った。自称「お祭り男」というくらいイベントを仕切ることに生きがいを感じていて、すぐにいろんな人を巻き込んでいくキャラクターだ。当時「トラや帽子店」という子どものためのバンドがあった。増田裕子、中川ひろたか、福尾野歩という才能に溢れ、個性豊かな三人が絶妙なバランスで繰り広げるコンサートは保育の世界に旋風を巻き起こしていた。「世界中の子どもたちが」や「ともだちになるために」「にじ」という今では保育園で誰もが歌っている歌もトラや帽子店や新沢としひこが作り出した名曲なのだ。仁さんのメリーゴーランドでの初仕事は、そのトラや帽子店の三重県縦断コンサートという大きな企画だった。地元の人たちを巻き込んでのまさにお祭りのようなプロジェクトで、そこで知り合った人たちは、その後のメリーゴーランドの大切な理解者であり大きな支えとなっていったのだ。

思いつくのは増田さん、それを形にするのが仁さん。二人はとてもいいコンビで、メリーゴーランドは仁さんが入って新たな方向性を得たのだった。

本屋の〝イベント〟

初めての企画担当

三ヶ月の試用期間を終えて私は晴れて正社員になった。ちょうどその頃、灰谷健次郎さんが暮らす沖縄の渡嘉敷島に子どもたちを連れて行きたいと増田さんが言い出し、仙台の新田新一郎さん率いる「プランニング開」と共催で「あそびじゅつin沖縄」という夏休みのキャンプを立ち上げようという話が出てきた。「僕一人ではこれ以上無理です」と仁さんが言うので誰かにまかせようということになったが、みんなそれぞれの部署で責任ある仕事をしていて誰もそんな余裕がない。こうしてあちこちのサポート役だった私に白羽の矢が立った。

三月に沖縄へ増田さんと新田さんと下見に行くことになり、私はまるで旅行に行くような気分になってワクワクしていた。そんな私に仁さんは「お前が企画担当者なんやから全部お前が考えて、下見して、交渉しやなあかんのやぞ。増田さんと新田さんは何にもしてくれへんぞ。覚悟して行けよ」と釘を刺した。

今まで仁さんに指示されることしかしたことのない私は企画の仕事が一体どんなものなのか全くわかっていなかった。いくらなんでも新しい企画を立ち上げるのだから増田さんは色々教えてくれるだろうと思っていた。

私たち三人は那覇から渡嘉敷島にフェリーで渡り、灰谷さんの家を訪ねた。朝から灰谷さんの案内で島を巡りお昼にはもうビールを飲み出す。新田さんも増田さんもとても楽しそうだ。三泊の滞在期間はもう半分も過ぎているのに、二人とも一向に仕事モードに切り替わる様子がない。じわじわと仁さんが言った意味がわかってきた私は、慌てて本番の大まかなスケジュールを立てて増田さんと新田さんに見せた。反応は「やってみたらええんちゃう？」という程度だった。

それからは渡嘉敷島の役場に飛び込んで地元の人と何か交流できる方法はないか、婦人会の代表の方の家に訪ねて行って子どもたちとカチャーシーを踊ってもらえないか、子ども会の代表の方を紹介してもらって地元の子どもたちと交流できないかと掛け合ったり、宿泊施設を見に行ったりした。このときに初めて広告代理店の営業の経験が役に立っていると感じた。もちろん前もって企画書を送るなどもしておらず、いきなり訪ねてきて実績もない企画の協力をしてほしいと言われるのだから、対応してくれる人たちも困ったことだろう。だけれど、とにかく必死だった。私が何もしなければ何も動かないことがわかってしまったのだから、何とか足がかりを見つけなければいけなかった。

「イベントは準備八割」

四日市に戻った私はパンフレットを作り、五月頃から広報が始まった。といってもメディアに広告を打つわけでもなく、メリーゴーランド新聞を毎月取ってくれているメールクラブという会員の人たちや今までの企画に参加してくれた人たちにダイレクトメールを送るなどの方法だった。一体何人の申し込みがあるのだろうと心配だったけれど、初めての「あそびじゅつin沖縄」は驚いたことに二〇〇人近い参加者が集まった。

飛行機やホテル、バスの手配などは四日市にあるトラベラックスという旅行社の館《たち》さんにお願いした。館さんはそれまで勤めていた旅行会社を辞めて独立した頃だった。あそびじゅつは小学生から一人で参加できる。子どもたちは縦割りのグループを作って大人とは別のプログラムで動く。子どもたちと過ごすのはリーダーだ。リーダーは地元の大学生にお願いすることになり、沖縄の大学のボランティアサークルの人たちを紹介してもらい募った。とにかく朝起きて夜寝るまでの全てのことを手配し、把握していなくてはいけない。膨大な情報とスケジュール、参加者の名前を頭の中に叩き込むことに必死だった。

全国の空港から那覇空港に飛行機が無事に到着し参加者の人たちが続々と集まってくる様子を見ながら私は涙が止まらなかった。これから始まるのはわかっているのだけれど、今までの苦労が一気に吹き飛んでいくような爽快感と達成感に包まれていた。今まで電話だけでやり取りしていた人たちが、私が作った名札を付けて「鈴木さん？　やっと会えたね」と声をかけてくれる。名前と声しか知らなかった人たちが目の前に現れて一気に現実になっていく感覚を味わいながら、大げさかもしれないがこの瞬間のために今までがあったのだとさえ思った。もうお客さんもスタッフもみんなが親戚のような気持ちだった。

「イベントは準備八割」とよく仁さんに言われた。私の仕事はイベントが動き出すまで場を整えてお客さんやスタッフをそこに導くことなのだ。もちろんどれだけ周到に準備していてもトラブルは起こる。けれど今までは自分でなんとかしなくてはいけなかったことも、始まってしまえばいろんな人が助けてくれる。スタッフだけではなく、お客さんも助けてくれるのだ。メリーゴーランドのイベントに参加してくれる人たちはお客さんというより「参加者」の意識が強いのだと思う。トラブルもハプニングも一緒に楽しんでくれる。そんなおおらかさに支えられていた。

「こんな大人数大変だったでしょう?」「初めてなのによく頑張ったね」といろんな人に声をかけてもらいながら、この頼りない担当者は何とか初めての大仕事を終えることができたのだった。

私の仕事

世界中あちこちへ！

夏のあそびじゅつをきっかけに私はいろんな企画を担当した。中でも夏休みに合わせて企画する海外ツアーは特別気合の入る仕事だった。

アメリカのチルドレンズミュージアムを訪ねボストン・ニューヨークへ。作家のウルフ・スタルクに会いたくてストックホルムへ。トーベ・ヤンソンの世界に触れたくてフィンランドへ。満月にかかる虹があると聞いてハワイ島へ。画家のヨックム・ノードストリュームに会いにゴットランドへ。ドイツのミュンヘンで開催されている子どものためのイベント「ミニ・ミュンヘン」に参加したり、アムステルダムに子どもが運営するレストランがあると聞いて出かけたり。地図やガイドブックには載っていないような場所やイベントを訪ね、とにかくいろんな国に出かけた。毎年夏の海外ツアーを楽しみにしてくれているお客さんもいて、次はどこへ行こうかと計画を練るのが楽しかった。

　ただ大手旅行代理店が企画するような内容では、メリーゴーランドがやる意味がない。観光旅行では味わえない何かをお客さんと共有したくて、あれこれ考えた。

　スウェーデンでは児童文学の編集者を訪ねて会社を見せてもらい彼女の家に招いてもらってお茶をご馳走になったり、地元の人たちが楽しんでいることをやってみたくてお弁当を持ってブルーベリー狩りに出かけたり。ボストンのチルドレンズミュージアムでは特別に学芸員にワークショップをしてもらいバックヤードを見せてもらったりした。そして旅は食事も大事と地元の人に聞いておいしいレストランの情報を集めたり、偶然見つけた雰囲気の良さそうな店に飛び込んで予約を取ったり、毎回どこで何を食べようかと街を歩きながらリサーチには余念がなかった。

　毎日必死で走り回って段取りをし、みんなが楽しんでいるか困っていることはないかと気を配るのは私の世話焼き気質にぴったりだったのだろう。その日の精算や翌日の予定の確認を済ませてベッドに横になる頃にはくったくたになっているけれど、一番楽しんでいたのは私だったのかもしれない。

　初めての国に行く時も下見に行くような予算はなく、はっきり言って「行き当たりばったり」だった。けれどお客さんを不安にさせてはいけないので、そこで増田さんの出番となる。何しろどんな国に行ってもすぐに地元の人に馴染むという得意技を持っている上に、行ったことのない場所でも「あ、こっちこっち」とたとえそれが少々間違っていようとも自信を持って案内してしまうのだ。そして旅ではもれなく起こるハプニングやトラブルも増田さんがいればなんとか乗り切れるという気にさせる不思議な力があるのだから、危なっかしいとは言え大船に乗った気持ちだった。まさに力を合わせれば乗り越えられないものはないと、この時ばかりは私たちは素晴らしいチームだっただろう。

トラブルをユーモアに

ボストン–ニューヨークは私が担当した初めての海外ツアーで、メリーゴーランドとプランニング開の共催の企画だった。このツアーで私たちの企画に初参加するという中学一年生の男の子がやってきた。増田さんの講演を聞いたお母さんが、将来新聞記者になりたいと言っている息子を一人で参加させたのだった。どこの誰だかよくわからない人たちとの初めての海外旅行に、彼はとても緊張しているようだった。

さて、旅の初っぱな、ニューヨークに着いたと思ったらなんと彼のスーツケースだけ迷子になってしまったようでどこにもない。航空会社に問い合わせても、「そのうちホテルに届けるから」の一点張りでらちが明かない。予想外のトラブルから始まったこのツアーは、彼のことをとにかく参加者のみんなが気にかけ、励まし、いつの間にか大きな家族のような雰囲気になっていった。

旅の最終日、いよいよ明日帰国するという日に「スーツケースが届いてるよ！」とフロントから電話があった。スーツケースを開けてみると丁寧に日付が書かれたビニール袋に入った着替えやアメリカの食事が口に合わなかったときのためだろう、レトルトのおかゆやお味噌汁のパックがきっちりと収まっていた。

突然増田さんが「みんな彼の部屋に集合！」と言い、参加者全員が集まると彼に着替えをさせて「一日目の装いははき慣れたジャージを基調としたラフなスタイルです」「美術館に行く予定だった二日目は黒のジーンズに襟付きのシャツで少し大人っぽい雰囲気で」と新田さんの巧みな司会でファッションショーが繰り広げられた。お次はレトルト食品をベッドに並べて叩き売り。みんなもノリが良くて「梅干しのおかゆ一ドルで買った！」「ちょうどお味噌汁が恋しくなってたから一ドルでいただくわ」と面白がって買ってくれたのだ。お母さんがあれこれ心配しながら息子のために用意した着替えや非常食は思わぬ形でみんなに披露され、やっと彼にも笑顔が戻った。あの子はこの初めての海外旅行を覚えているだろうか。かなうなら、いつか会って聞いてみたい気もする。

こんな調子でメリーゴーランドのイベントでは予想もしないことがしょっちゅう起こる。けれどいつも土壇場でなんとかなるのだ。みんなに喜んでもらいたいというスタッフの切実な思いと参加者の方々の楽しみたいという思い、そして増田さんや新田さんの土壇場で湧き起こってくるアイデアやユーモアによって成り立っていたのだと思う。

子どもの本屋の日常

「黒帯取ったら言うこと聞くん!?」

メリーゴーランドは三階建てで一階が本屋、雑貨、喫茶の店舗、二階が企画の事務所と貸し教室、三階にイベントなどをするホールがある。このホールは週に二回少林寺拳法の道場として使われていた。増田さんは当時少林寺拳法六段で、「四日市こだるま道院」の道院長でもあった。

本屋を始めるのと同時に少林寺拳法の道場も開いたので、当初は少林寺の世界からは「道院長が子どもの本屋を経営している」と話題になり、子どもの本の世界からは「本屋の上が道場になっていて店主は少林寺拳法を教えている」と話題になったそうだ。この頃、道場に通う子どもたちは一〇〇名ほど。道場のある日は夕方になると道着を着た子どもたちが本屋で立ち読みをしているのが日常だった。

さて、この子どもたちがなかなかの曲者で、道着を着ているものだからどこかしら強気なのだ。覚えたての技を誰かにかけたり、本を読んでいたと思ったら喧嘩を始めたりする。「こら！　静かにしな！」「本屋で暴れたらあかん！」と凄んでもちっとも言うことを聞かない。そればかりか当時一番手のつけられない四年生の男子に「大人のくせに黒帯持ってへんのやからえらっそうなこと言うな」と憎ったらしいことを言われた。

カチンときた私が「黒帯取ったら言うこと聞くん？」と言うと「なんでも聞いたるわ！　取れるもんなら取ってみろ！」と言われ、私はその日のうちに入門手続きを済ませ道場に通うことになった。ちょうど道場も大人の手が足りずに困っていたタイミングだったので増田さんは喜んだ。

高校時代に弓道部だったこともあり「丹田」とか「正中線」といった言葉には馴染みがあったし「半ばは自己の幸せを、半ばは他人の幸せを」という少林寺拳法の教えにも興味があった。ただ強くなれればいいというわけではなく、勝ち負けではない、本当の強さとは技も磨き心も鍛えなければいけないのだ。

道場には家や学校で手がつけられず、体力がありあまっているタイプの子どもが多く、増田さんはそんな大人たちが手を焼くような子どもたちを夢中にさせる天才だった。独楽回しがめっぽう上手い、怖い話が得意。大会前などはものすごく集中するので恐ろしく厳しいが、子どもたちの様子を見て、たとえば運動会前などで疲れていそうなときは稽古をせずにゲーム大会をするなどした。そして何より技が切れるのでむちゃくちゃカッコイイのだ。

道場のある日は七時まで二階の事務所で仕事をし、軽くパンなどをかじって道着に着替え、三階の道場で稽古する生活が始まった。私はあの四年生と約束したことを忘れてはいなかった。何とか彼が卒業するまでに黒帯を取らなければならない。週二回私は真面目に道場に通い、精進を重ね、何とか黒帯を取ることができた。彼が卒業する半年前で、ギリギリ間に合った。

私と増田さんは性格が似ているところがあって、お互いの言い分をぶつけて喧嘩になることがしょっちゅうだった。仕事でむしゃくしゃしているときも道場に行くと増田さんの圧倒的な存在感にぐうの音も出ない。仕事では対等に振舞っているつもりで生意気でえらっそうなことばかりを言う私も、一旦道着に着替えて道場に入れば当然ながら増田さんには全く歯が立たない。技を教えてもらうと「すごい!」の一言しか出ないのだ。仕事の色々を引きずることなく道場では師匠と弟子という立場に切り替えられることは、私にとってはありがたかった。「言った」「聞いてない」でしょっちゅう喧嘩になる。天真爛漫ですぐに調子のいいことを言ってあとで自分やスタッフの首を絞める社長にイライラとしつつも、道場ではやっぱり尊敬すべき存在ということを再確認できるのだ。

〝本選び〟での再会

依頼があると小学校や中学校に出かけて行って、増田さんが子どもたちに本の話をする。その話を聞いて盛り上がっている子どもたちが学級文庫や図書室の本を選ぶという夢のような企画が「本選び」だ。予算があれば毎年呼んでくれて、もう二〇年以上通っている学校もある。

「図書室を活性化したい、子どもたちが本を読まない」といった話をよく耳にするし相談も受ける。大人がどんなに知恵を絞ってもなかなか難しい問題かもしれないが、案外突破口は目の前にあるもので、図書館を利用する子どもたちに聞けばいいのだ。例えば私が一番通わなかった中学の図書室の印象は「暗くて空気がよどんでいる」「本の背表紙が日に焼けていて書名が読めない」「面白そうな新しい本がない」という感じだった。こんな風に子どもたちにアンケートを取ってみて「なるほど！」と思ったところから変えていけばいいのだ。「みんなが楽しめる空間を作りたい」という思いさえあれば道は開けるのではないだろうか。

夏のある日、小学校の本選びに同行した時のこと、体育館で本を並べて準備しているとプールに向かう子どもたちの声に混ざって聞き覚えのある先生の声が聞こえてきた。この声はもしかして！　と思い子どもたちを呼び止めて、「あんたらの先生、なんていう名前？」と尋ねると、「諸岡美和子先生やに」と返事が返ってきた。その声の主は私が小学五年生の時の担任の先生だったのだ。「先生に会いたい人が体育館におるって伝えて！」と子どもたちにお願いして私は再会を待った。

新しい学年になってクラス替えがあり、仲の良い子と一緒のクラスになったとか、苦手な子と一緒だったとかで一通り盛り上がると、次に気になるのは担任の先生のことだ。隣のクラスは若い新任の女の先生らしいとか、その隣は面白くて人気のある男の先生だとか早くも情報が入ってきていてみんなの期待が一気に高まったとき、クラスに入ってきたのが諸岡先生だった。一見、四〇代くらいの女の先生。若くもなく、面白そうな男の先生でもなかったのでみんなの反応は微妙だった。ところが、諸岡先生の口癖が「なんですか？」だったのだ。当時テレビ番組「オレたちひょうきん族」が大人気で明石家さんまが扮する「ナンデスカマン」は特に人気があった。私は耳が目立つため男子から両耳を引っ張られて「ナンデスカって言ってみろー」とからかわれたりしたし、クラスの天川君は自分の大きめの耳を引っ張って「ナンデスカ？　ナンデスカ？」とナンデスカマンをネタにしていた。新学年が始まって数日はよそのクラスが羨ましかったみんなも諸岡先生が授業中に「なんですか？」と言うたびにどんどん先生の魅力にハマっていった。先生が「なんですか？」と言うたびにクラス中が喜ぶので先生は「なにがそんなに面白いの？」と不思議でしょうがない様子だった。先生は「オレたちひょうきん族」も「ナンデスカマン」も知らなかったのだ。

プールの授業が終わったあと、先生は体育館をのぞいてくれた。驚いたことに会うなり「あら、潤さんやないの。お母さん元気？」と言ったのだ。かれこれ卒業してから二〇年以上会ってないしすっかり大人になった私のことがわかるだろうかとドキドキしていたのに拍子抜けしてしまった。「今は何してんの？」と聞かれてメリーゴーランドに勤めていることを話すと先生は「へぇ、夢が叶ってよかったやないの、あんたは本が大好きやったから天職やね」と言った。どうやら私の五年生の頃の夢は本屋になることだったらしいのだ。私はそんなことはすっかり忘れていたのに、先生はそのことを覚えていてくれた。今まで一体何人の子どもを教えてきたのだろう、数え切れないくらいたくさんの子どもたちと関わってきたはずなのにたった一人の生徒の夢まで覚えているなんて、先生こそ天職なのではないかと思った。本屋になることを目指していたわけでは全くないけれど、今本屋をしていることはいろんな人の縁や偶然が重なって、自分の意思とは別の何かに導かれてのことなのかもしれないと思った。一一歳の頃の自分に「大きくなった私は本屋をしているんやに」と伝えたらそれはそれは喜ぶのだろうなと思ったりした。

増田さんと私

長く一緒にいたからなのか、私と増田さんは呆れるくらい似ているところがある。ある日、店の備品を買いに出かけ、レジに並んでいると店の人が「あれ！ 増田さんやん、ご無沙汰です。お元気？」と親しげに話しかけてきた。「おー！ 元気か？」と言って話している増田さんの様子では誰だかわかっていないようだった。こういうときに増田さんはすぐに調子を合わせて、絶対に「どちらさんでしたっけ？」とは言えないのだ。かなり話を合わせてるなと思いながら「こういう調子のいいところが嫌やわ」と心の中で思っていると、その人が私に向かって「潤ちゃんも元気にしてた？」と言ったのだ。とっさに私は「はい！ お久しぶりです」と愛想よく言っており、自分にもほとほと嫌気がさした。

遠方への講演会となるとそれは巡業のようなものだ。まだカーナビなどなかった頃はゼンリンの地図で道程を確認し、最寄りのインターや曲がる交差点などをメモしてフロントに付箋で貼るなどして、とにかく必死だった。何より私は自他共に認める方向音痴なのだ。私の全ての集中力を引っ張り出してきても、道に迷うことはしょっちゅうだった。

講演時間に遅れそうになるとさっきまで助手席で寝ていた増田さんが起き出して「一体どこを走っとんのや！」とイライラしながら怒る。必死で運転してきた私も「さっきまで呑気に寝ていたくせに！」と言い返す。喧嘩をしながら運転を代わってみると不意に目的地に着いて、「ほらみろ！　俺はこういうときにちゃんと間に合うんや」と得意げに言われるのだ。

その頃増田さんは少林寺七段、私は弐段。増田さんの拳法の技はそれはそれは素晴らしくいつ見ても惚れ惚れする。適度に力が抜けていてその動きはとても柔軟だ。そして技を決める瞬間は実に見事で目を見張るほど鮮やかなのだ。師匠なのだから当然なのだがよその道場の先生に「増田さんに構えがそっくりやな」と言われるとちょっと誇らしいものだった。

お互い少林寺をやっている者同士は、ふざけて軽く技を掛けたりすることがある。いつだったか、ケンカの最中にカッとなった私が増田さんの脇腹辺りを突いたことがあった。唐突だったからか不本意にもその突きを受け損ねた増田さんは拳が入ったその瞬間、「お前なんてことするんや！　ここは三年殺しのツボやぞ！」と本気で怒ったのだ。取り乱す増田さんを見ながら、自分が悪いくせに私は「そんなに簡単に人が死ぬか！」と心の中で思って半ば呆れていたのだからひどいものだ。あれから二〇年ほど経っているのでどうやらツボは外れていたらしい。

こんな風に増田さんとのエピソードを数え上げたらきりがない。しょっちゅう喧嘩をするし、ぶつかり合うけれど増田さんの思想や想いは私の中にしっかりと詰まっている。私たちはとにかくよく働き、よく遊び、よく旅をし、よく話し、よく読み、よく食べ、たくさんの人に会った。増田さんは社長で少林寺拳法の師匠である。そして本に対する情熱、子どもの本専門店として在り続ける意義、縁を大切にすること、恩義を忘れないことなど本当にたくさんのことを増田さんから学んだ。気が付けばそれは全て自分らしく生きることに繋がっているのだ。私にとって増田さんは父親のようであり、親戚の叔父さんのようでもあり、憧れの先輩のような存在でもあり、今でも一番のライバルなのだと思っている。

3章
いざ、京都へ

突然の京都

本人にしかわからない確信

ある日増田さんが「京都に店出すぞ。潤、京都に行くやろ?」と言った。

いつものことなのだが、あまりにも唐突な話なのでよくよく聞いてみると、どうやら京都に行った時に古いビリヤード場を見かけ、その建物がとてもいい感じだった。ビリヤード台はとても重いから床がしっかりした造りだろう、きっと重い本棚にも耐えられるだろうと、「こんな雰囲気のある建物をそのままにしておくのはもったいない。誰か古本屋でもしたらええのに」と呟いた増田さんに塩ちゃんが「あんたがやったらええんちゃうん」と言ったらしい。それですっかりその気になってしまった。とだいたいこんな話だった。

二〇〇七年の年明けのことで、店にパソコンが一台しかない頃の話だ。あんまりしつこく言うので、まずその建物が空き物件なのかどうか確かめなくてはならなくなった。増田さんのうろ覚えの住所をパソコンに入力し、なんとか店の名前を突き止めた。調べてみるとなんとまだ営業をしていたのだ。営業しているとなればもうどうしようもない。これで増田さんの気も済むだろうと思っていたら今回はそうはいかなかった。増田さんは思いついたらやってみないと気の済まない性格なのだ。どうやら建物は諦めたけれど京都に店を出す気持ちは一向に変わっていない様子だった。

といっても何の縁もゆかりもない京都のこと、「こんな物件があるからメリーゴーランド、店出さへん?」なんていい話があるわけでも何でもないのだ。あまりにも非現実的な話だったので私はそのうち増田さんも諦めるだろうとタカを括っていた。

ある日、道場が終わって帰り支度をしていると増田さんが「パソコンって何でも調べられるんか」と聞いてきた。私は京都の話が出たら嫌だなと思いながら「ようわからんけど調べられるんちゃう?」といい加減な返事をして、「明日仁さんに調べてもらったら?」とその場をやり過ごそうとした。「京都の物件を調べたいんや。ちょっとやってみてくれ」と増田さんは引き下がらない。仕方なく「京都　空き店舗」で検索をしてみると当たり前だがものすごい数の物件情報が出てきた。私は京都の土地勘なんて全くないので「何区を調べるんですか?」といささかイラっとしながら尋ねた。「そんなんわからんし、今度の休みに京都に行ってみるぞ」といつの間にか私も一緒に行くことになっていた。

火曜日は週に一度の定休日だ。店は休みだけれど増田さんの講演などが入れば私は出勤になる。なので仕事の予定のない休みというのは私にとってはとても貴重なものだった。なのにその日はすっかり気合の入っている増田さんと京都に行くことになっていた。まだ新名神高速道路もできていなかったので、四日市から京都へは鈴鹿峠を越えて栗東インターから高速に乗り京都へと向かった。

まず増田さんが大好きな三月書房へ。三月書房は訪れると必ず欲しい本が見つかる不思議な魅力を秘めた本屋なのだ。お会計をしながら店主の宍戸立夫さんに増田さんが「京都に店を出そうと思ってる」と話すと「そんなんよしといたほうがええんちゃいますか。新刊書店が家賃や人件費払ろてやってけへんことくらいよう知ってはるでしょう」とあっさりと言われた。私は内心「そうだそうだ!」と思いながら、きっと尊敬する宍戸さんにあんなにはっきり言われたら増田さんも気持ちが変わるだろうと期待していた。

しかし増田さんにはこの親切な忠告も激励に聞こえたらしい。寺町を歩いて「この辺りええなあ」と言ったかと思うと目に入った不動産屋さんに飛び込み「本屋したいんやけどなんかええ物件ある？」と言うのだ。こんな調子で三回ほど京都に来ては物件を見て回った。私はどれもこれもピンと来ずに流石にもう諦めるだろうと思っているのに、増田さんはどんな物件を見ても「なかなかええやんか。ここに本棚作って、カウンターはここで」とすぐにイメージが湧くらしかった。あるとき私は増田さんにどれくらい本気か尋ねてみると答えは「九割」だった。

これはいつもの思い付き以上の何か本人にしかわからない確信めいたことがあるんだろうなと思った。「本気で物件まで探そうとしているんだからスタッフに話してほしい」と言う私に増田さんは「全部決まるまで誰にも話さへん」と驚くくらい頑なで、「みんなをびっくりさせるんや！」と最高のサプライズを準備しているようなワクワクとした様子なのだ。私は嫌な予感がしていた。みんなが間違いなく驚くことはわかっていたけれどそれは増田さんが期待する反応ではないはずだ。

波があれば乗る

メリーゴーランドだって一応バブルを経験してきた。その頃東京や大阪に店を出さないかという話だってなかったわけではない。それを増田さんは全て「本屋は地域に根ざすものやから絶対に支店は出さへん。俺は鈴鹿山脈が見えやんとこでは生きていかれへんのや」とカッコよく言い張ってきたそうだ。今のメリーゴーランドは本屋、雑貨、喫茶、企画、遊び術と、どの部署が欠けても成り立たないくらいお互いが支え合って絶妙なバランスを保ちながらなんとかやっているのだ。ビルも築三〇年をとっくに迎えて雨漏りやら空調設備やらあちこちメンテナンスが必要になってきている。新しく店を出す余裕なんてどこにもないことはみんなが知っていることだった。

なのにどうして「今」なのだろう。六〇歳を前にして何かしなければと思っているのだろうか……。私はスタッフが絶対反対するだろうことをよくよくわかっている。なのにすごい勢いの増田さんを止めることはおろか、ついていくのに必死だったのだ。

増田さんはきっと今までだって目に見えない何かに突き動かされて、まだ見えないどこかに向かってきたのだろう。書店の経験も全くない二五歳の増田青年がある日突然「子どもの本屋をやりたい!」と言い出し、どんどんいろんな人を巻き込みながら店を作ってきたことだってきっとそういうことなのだ。

私にはこの「根拠のない自信」がとてもよくわかる。

でもきっと仁さんには理解できないだろう。仁さんは店の番頭として店を守っていく使命がある。だからこそ仁さんの慎重で几帳面なところはとても重要なのだ。けれど時として仁さんのやり方が増田さんや私にはもどかしく、衝突をするのはいつもそこだった。

私たちは目の前に波があったらとりあえず乗りたいタイプで、その波が大したことなくても、怪我をしたとしても「乗った」ことが大事。「逃した」ことで後悔したくないのだ。そういえば増田さんはサーファーでもあった。

そのうちに増田さんがちらほらと人に「京都に店出すから楽しみにしとってね」と言い出すようになった。ある日、今江祥智さんのおつれあいの栄里子さんに話しているのを聞いてしまった。もちろんスタッフには誰にも話していない。私は焦って「そんなんまだ人に言ったらあかんのとちゃう?」と増田さんを制するのだが「こうやって口に出してたらええ話が向こうから来ることもあるんや、まあ見とってみ」と一向に気にしていない。今江さんの耳に入ったらもうスタッフに聞こえていくのは時間の問題だろう。私は噂で聞こえていく前にちゃんと増田さんの口からみんなに話してほしいと本気で頼んだ。そうなる前になんとかしなければと私は焦った。

「みんな増田さんが考えてるみたいに喜んだりせんって! 絶対に反対されると思うで、

どうして店を出したいのかちゃんと説明してみんなに納得してもらわんとうまくいかへんと思う」としつこく言う。

すると「俺の店やのになんでみんなにお伺いを立てやなあかんのや、嫌な奴は辞めたらええんや、お前も嫌やったらもう付き合わんくってもええんやぞ！」とまあ見事なワンマン社長っぷりを発揮してくるのだった。

そんなある日、寺町をぶらぶらと歩いていた私たちは寺町通りから一筋離れてみようかと西側の通りを歩いた。

するとこぢんまりとしたレンガ作り風の三階建てのビルが目についた。「ええ雰囲気やなあ」と言って前まで行くと二階が貸店舗となっている。「お！　ええやん」と言って階段を上ってみると前の店のものだろう看板がかかっていた。そしてそこにはなんと「メリーゴーランド」と書いてあったのだ。

日が暮れる前で辺りは薄暗くなっていた。私たちはついに運命に導かれたような気持ちになって大興奮し、すぐに不動産屋さんに電話をかけて来週物件を見せてもらう約束を取り付けて家路についた。さすがの私もこうなったらもう行くところまで行くしかないと覚悟を決めていた。この時点で、私でも七割くらい「もしかしたら実現するかも」

と思い始めていたのだから増田さんは完全に新しい店のイメージが出来上がっていたことだろう。私たちは一週間すぎるのが待ち遠しくてたまらなくなっていた。

二度目の運命の出会い

翌週塩ちゃんを誘って私たちは再び京都の物件を訪れた。

塩ちゃんは設計士で、いつもメリーゴーランドの改装など店のことを相談しているのだ。今回の物件探しで他の誰かに同行してもらうのは初めてのことだ。いよいよここに決まるのかもしれないという思いが迫ってきた。

中は思ったより広くメインのフロア以外に小部屋が二つほどあった。テーラーとして作られた店で、上品な設えなのはそのためだった。「メリーゴーランド」はその後に入った子ども服屋さんの店名とのことだった。私たちが「メリーゴーランド」という名の本屋だと伝えると不動産屋さんも「これはすごい偶然ですね！」と声を弾ませた。「でしょう、でしょう」と増田さんもすっかり満足そうだ。

「小部屋は倉庫になるし本棚を設えたらええ雰囲気になるんちゃう？」と塩ちゃんのお墨付きも得られ、後は家賃の交渉だけとなってその日はお開きとなった。こうなると私の暮らす家も探さなければならない。私は店が軌道に乗るまではここに寝袋で寝るのでも構わないなと思いながら一応近くで手頃な借家の情報もお願いしておいた。

その日、トントン拍子で話が進んでぽっかりと時間が空いたのでどこかでお茶でも飲もうということになった。

ふと、京都の古いビルを改装して新しい店舗を作ったというブランドの記事をコピーして持っていたことを思い出した。「四条河原町ってどこ?」と言う私に増田さんは「そんな京都の一等地やないか。一番の繁華街や」と言いながらも、記事を見せると歩いて行けるから行ってみるかということになった。当時の私は四条河原町がどこなのかさえもわかっていなかった。

訪ねたところは戦前に建てられたレトロなビルだった。入口に「寿ビルディング」の文字が右から左に刻まれていた。

ミナ ペルホネンというそのお店はデザイナーの皆川明さんが生地からデザインしていて、服はもちろん内装もとても素敵だった。私たちが店内を見ているとお店のスタッフの人が声をかけてきてくれた。少しおしゃべりしているとその人に「どんなお仕事をしていらっしゃるんですか?」と尋ねられた。増田さんは待ってましたとばかり「僕たち子どもの本屋なんですよ、今度寺町界隈に店を出すのでできたら来てくださいね」と自慢げに言った。「子どもの本屋さんだなんて素敵ですね。お店楽しみにしています」と言ってもらって私たちはすっかり気をよくした。店員さんに「五階に素敵なギャラリーがありますよ」と教えてもらい、「せっかくだから」と五階を目指した。

エレベーターを降り五階のフロアに入ると中から「あれ!? 増田さんと潤ちゃんやんか!」と声がした。

一瞬何が起こったのかよくわからないまま声のするほうを見るとギャラリーの前で知った顔が手を振りながら笑っている。声の主は三重県津市在住のアーティスト、村山幸《さち》子《こ》さんだった。

「案内状出してみるもんやなぁ。まさか来てくれるなんて!」と村山さんに言われてもまだ増田さんも私も何が起こっているのかわからない。「村山さん、こんなとこで何しとんの?」これが増田さんと私の第一声だった。

なんと村山さんは寿ビルの五階にある「GALLERY GALLERY（ギャラリーギャラリー）」という老舗のギャラリーで個展を開催中とのこと。私たちに一応報告だけでもと思って案内状を出してくれていたらしいのだ。それとこれとが全く繋がっていない私たちはまだ狐につつまれたような状態だった。

「なんなん！　偶然やなんて信じられへんわー」と村山さん。「私の展覧会に来てくれたんとちゃうんやったら何で京都におるの？」と尋ねられ、再び待ってましたとばかり「今度京都に店を出そうと思ってな、今日ええ物件を見つけてきたとこなんや」と増田さんが言った。その場にはギャラリーギャラリーのオーナーの川嶋啓子《けいこ》さん、ギャラリーをお手伝いしている宮本さん、編み物作家の山田さん、カメラマンのまこっちゃんとギャラリーに縁のある人たちが集合していた。

その頃の寿ビルは、鍼灸院、写真スタジオ、会社の事務所などが入った雑居ビルで、店舗は一階のミナだけ。五階は啓子さんがギャラリーギャラリーと一〇〇人の作家が一〇〇個のガラス張りのボックスを年間契約で借りる面白い運営の形を取った「ショーケースギャラリー」というギャラリーを管理していた。

ちょうど私たちが来る前に啓子さんが一部屋手放したいと思っていることを村山さんたちに話していたそうだ。けれどビルに返してしまったら次にどんな業種の人が来るかわからないのが不安でなかなか踏み切れないと言うと、みんなが「このビルに本屋やカフェがあればビルの雰囲気がもっと良くなるのにな」と言い合い、「三重の四日市にはメリーゴーランドっていう面白い本屋があるんやで」と村山さんが話した。そこに私たちが現れたというわけ。

突然、啓子さんが初対面の私たちに、「寺町やなくてここに本屋出さはりませんか？」と言ったのだ。私たちのテンションは一気に上がった。「運命」と口で言うのは簡単だけれど、確かに何かに導かれ「ぐるん」と音をたてて流れが変わった瞬間を私は肌で感じた。さっきの寺町の物件のときも「運命や！」と言っていたにもかかわらず……。

ギャラリーギャラリーが事務所に使っているという部屋を早速見せてもらった。昭和二（一九二七）年に建てられたというビルは天井が高く、窓枠やガラスも当時のまま。天井の趣向を凝らした漆喰塗りの装飾などとても雰囲気があった。部屋はこじんまりとしているが天井が高い分、背の高い本棚を設えても圧迫感はさほど感じないだろう。ここにカウンターを作って、ここに天井まで届く本棚を作ってと今回ばかりは私にも一気にイメージが湧いてきた。

ビルの大家さんには啓子さんが話をしてくれると言う。塩ちゃんも「潤が一人でするんやったらこっちのがええんちゃうんか」と言ってくれた。

それが二〇〇七年六月。「そうと決まれば八月までにこの部屋の物を出すから八月に工事したらええわ」と啓子さんが言った。「よっしゃ、空家賃を払う余裕はないから八月工事、九月オープンにしよ。オープンは九月七日や」と増田さん。増田さんは数字の「七」が大好きで車のナンバーや電話番号に「七」が入っていると「これはええ番号や」

とても喜ぶのだ。九月七日は増田さんの誕生日でもあった。

しかし私は焦った。まず四日市の仕事の引き継ぎをしなければならない。どう考えても通うのは無理なので私は京都に引っ越さなければならないだろう。そうなれば家も探さなくてはならない。そして何より一番大切な新しい店の準備がある。その全てをたった二ヶ月でやるなんて無理に決まってる！　けれどもうすっかり波に乗ってしまった増田さんを止めることなんて誰にもできないことはよくよくわかっている。その場で私が必死にお願いしたことと言えば「九月七日やなくてせめて一七日にしてください」とオープンをたった一〇日延ばすことだけだった。

もし京都の店が実現するなら、私は勝手に半年くらいかけてじっくり準備を進めていくイメージを持っていた。何よりスタッフのみんなになんと説明しようかと、そこが一番気にかかっていた。

思いがけず動き出した京都の店への、期待と不安で私の頭の中は一杯になっていた。

冷ややかな反応

その頃メリーゴーランドでは月に一回全体会議があった。次の会議で京都のことを話さないといけないと思っていたけれど、やはり私は今までみんなに黙っていたことがかなり後ろめたかった。

「会議の前にまりちゃんと仁さんには増田さんから直接話したほうがいいと思う」と言っても増田さんは「会議でみんなに説明する」の一点張り。嫌な予感が拭えないまま会議が始まった。

「もうみんな噂で聞いている人もいるかもしれませんが、今度京都に店を出すことになりました。店長として潤に行ってもらいます。以上」

表現は少々違うかもしれないが、メリーゴーランドの歴史を揺るがす大発表は拍子抜けするほどあっけなかった。私は「え!? 言うことってそれだけなん？」と焦り、みんなの反応は予想通りそれはもう冷ややかなものだった。

「いつから決まっていたんですか？」

「潤が抜けた穴は誰が埋めるのですか？」

「どうして今まで私たちに何の相談もしてもらえなかったんですか？」

みんなはポツポツと思いを口に出してはいたが、増田さんや私から納得できるような答えは出なかった。

この日を境に私は増田さんとスタッフの板挟みに苦しむようになった。今までは公にされていなかった分、みんなもどう対応していいのか困っていたのだろう。真実が明らかになった今、私は店で四面楚歌だった。

お客さんにもチラホラと聞こえていっていたので、店先でお客さんが「今度京都にお店出すんだってね！　楽しみやわー」と言うと、あるスタッフは「そうらしいですね、私たちには関係ないので！」と言い放つ。これを耳にした時には本気でひっくり返りそうになった。「潤ちゃんがやりたいんやったら勝手にやったらええやん。でもメリーゴーランドって名前は使わんといてほしい」と強烈なパンチを食らうこともあった。

とにかく辛かった。みんなにしてみれば私と増田さんでコソコソと秘密の計画を進めていたことがまるで裏切りのように感じられたのだろう。もう何を言ってみても、自分でも言い訳にしか聞こえなかった。

辛くても時間はどんどん過ぎていく。目の前の仕事、引き継ぎの準備、京都の店のことなど私がやらなければ誰もやってはくれない。落ち込んだり悩んだりしている暇なんてなかったのがせめてもの救いだった。

私はみんなの気持ちもわかるのだ。その頃の私は企画の仕事をメインにしながら、増田さんの講演会の段取りと同行、本屋のウィンドウディスプレイの設営、喫茶のケーキやカレーの仕込みなど、とにかく多岐に渡っていろんなことをしていた。そんな私が急に抜ければ穴埋めはどうするのだろうと誰もが不安に思うのは当たり前だ。私だって同じ立場だったら「なんでなん!?」といろんな思いが溢れただろう。

メリーゴーランドで働く人たちはみんな増田さんやメリーゴーランドのことを大切に思っているからなおさらだ。

私だって自分が一人で京都に店を出すだなんて微塵も考えてはいなかった。四日市生まれ、菰野育ちの私は三重が大好きだったし、メリーゴーランドも店を取り巻く様々な人たちのことも大好きだった。いつも忙しく給料は安いし休みも少ないけれど、自分のことは後回しにするほど仕事に夢中だったしやりがいもあった。母には、「あんたはメリーゴーランドと結婚したと思っとるで」と言われたこともある。

本屋から企画へ異動が決まった時、仁さんから「企画は家に帰ったら仕事が終わるんやないで。どんな時も常にアンテナを張ってないとええ仕事はできやんのやで、よう覚えときな」と言われた。私はあの時どうしていいのかわからず、夜にまりちゃんの家を尋ねた。子どもたちはもうすっかり眠っている時間だったのに、まりちゃんはお茶を入れて私の不安な気持ちを聞いてくれて、「本屋の仕事がしたいんやったら、私から増田さんに話そうか?」と言ってくれたのだ。けれど一通り話すと、どこか自分で納得し覚悟ができたのだ。あの時入ったスイッチは今もずっと入りっぱなしなのだろう。

母の言葉

それにしても誰からも応援されずに京都に向かうのは辛かった。増田さんはすっかり息を潜め、京都のことはまるで私の陰謀のように思えた。味方は一人もおらず、一〇人を前に私がいくら言葉を並べて話をしようとしても、そこには深い溝ができてしまった。気の置けないスタッフも集まるとそれは集団の一員だ。集団になったとたん一人一人が持っている言葉や想いが見えづらくなる。

やるべきことは目の前に山のようにどんどん積み重なっていくのに、どうあがいても先が見えなくなってしまった頃、母に自分の置かれている状況をなんとなく話した。

「大変かもしれやんけど、他の人よりあんたは随分ええ経験をさせてもらっとるんとちゃうの？　企画の仕事も京都の店のことも一見華やかに見えるやろ。あんたは誰よりも周りのことに気を配って他の人の気持ちを考えやなあかんのやに。それしか上手くやっていける方法はないいんとちゃうの」と言われた。

母に言われたこの一言は今もずっと私の中にある。私は直感を信じて今までやってきた。すぐに調子にのるし油断をすると自分のことばかり考えてしまうところがある。励ましてもらいたくて愚痴ったはずなのに、そうではない母の言葉は身に沁みた。

私はスタッフを一人ずつお茶やご飯に誘ってみることにした。一対一で話をしてみるとみんなの前では言えなかったことや、今それぞれが抱えている問題や悩みなどが少しずつ見えてきた。みんな迷いながらやっているのだ。

理解してもらいたいし応援してもらいたいと思っていたけれど、それは今は無理なのだと思った。京都の店が動き出すことで子どもの本の周りに、四日市の店の周りにいい流れが生まれるようになれば徐々に認めてもらえるのではないか。時間がかかるだろうけれどここまで来たからにはもうやるしかない。こうして少しずつ少しずついろんなことが動き出した。

店と暮らしの始まり

店の本を選ぶ

京都の内装の図面が上がってきた。図面を目の前にすると一気にイメージが立体的になってくる。私は数字にめっぽう弱い。その私が計算をしてみたところであてになるはずもなかったけれど本棚の幅のサイズを測り、だいたい本が何冊くらい並ぶかなど計算をして注文する本のおおよその冊数を割り出した。

選書の段階になり、当然何を並べるかは増田さんが決めるものと思っていたので取り寄せた出版社の目録など資料を積み上げて「どうします？」と尋ねた。すると「お前が売るんやから自分で選ばなあかんやろ。まりちゃんに相談してみ」とあっさり言われた。

私が店をすると言ってもメリーゴーランドは増田さんの店だという意識がどこかにあった。当たり前なのだが責任は私にあるという事実を突きつけられたような気持ちになった。

ノートに出版社別に並べたい本を書き出し大まかなリストを作った上で店長のまりちゃんにそれを見てもらうことにした。

「潤ちゃんはあんまり好きじゃないと思うけれど、この本は外したらあかんで」「このシリーズはこんなにいらんのとちゃう?」「自分の趣味でばっかり選んだらあかんで」などバンバン鋭いアドバイスを受けた。まりちゃんは当時、本屋を任されて三〇年のベテランで、メリーゴーランドの顔である。まりちゃんの言うことは至極真っ当なのだ。好きけれど私も変なところで頑固でどうしても本棚に並べたくない本というのがある。好きではない本は売りたくないのだ。

店の本棚には、自分がお客さんに責任を持って勧めるものしか並べたくないという思いが強くあった。「これは外さないで」とまりちゃんに言われた本でも売れると追加注文をしなかったものもあり、いつの間にか京都の店の本棚では自然淘汰されていった。

私が選書で悩んでいると増田さんが「まりちゃんや俺の意見を聞いてもええけど、お前が決めやなあかんで」と言った。メリーゴーランドで働いていても好みは人それぞれ、増田さんが大好きな本を私が好きとも限らない。それは当たり前のことなのだ。メリーゴーランドはそれを堂々と言える場所だった。だからこそ喧嘩もいざこざも絶えないのだけれど……。メリーゴーランドという店の単位で考えたり発言したりする感覚は大切だけれど、やはりそこに自分がなければ説得力がない。メリーゴーランドという看板を背負っていくのは私なのだ。

住む家探し

開店準備の合間をぬって私は二回ほど家を探すために京都に出かけた。今まで家を借りたこともないので不動産屋さんがどういう仕組みなのかもさっぱりわからない。お願いすれば車で物件を見に連れて行ってくれるなんて随分と親切だなあとのんきに思っていた。家賃は安いに越したことはないが、店のある四条河原町から自転車で一五分くらいのところで探したかった。できればマンションではなく古い木造アパートか町家がいい。

土地勘がないまま家を探していたら、一軒の物件が目に止まった。中を見たいと連絡してみると紹介する前に一時間ほどレクチャーがあると言う。そういうものなのかと思って約束の時間に不動産屋さんを訪ねた。

「よそから来やはって町家に憧れて住んでみたい言わはる女の人はぎょうさんいやはる

けど、大抵一年たたんうちに我慢でけへんで出ていかはりますえ。女性の一人暮らしやったらマンションのほうがええんちゃうかと思いますけど覚悟はあらはりますか？」

のっけからこんなことを言われびっくりしながらも「私はずっと古い家に住んでいたからマンションなどには逆に馴染めない」と話した。「では、まず洛中、洛外の話をさせてもらいます」と言ってその人は京都の地図にパラリと碁盤の目の書いてある透明シートをかぶせた。「この枠の中が洛中と言いましてほんまの京都です。それ以外は洛外なので京都の外になるんです。うちは洛中専門の不動産屋やから洛外にお探しやったらお引き取り願います」……とまあ全てにおいてこんな調子だった。

近所におすすめの物件があるというのでその流れで見せてもらうことになった。その家は雨漏りがするから格安だという。「京都は自転車でどこでも行ける。街に近くなればもっと家賃も上がるし、こんなええ物件を逃すのはもったいないのとちゃいますか」と強く勧められたけれど、結局他を当たってみることにした。その頃地元の友人の金沢夫妻が京都に暮らしていて随分と世話になった。部屋を探すときも一緒に見てもらうなど、土地勘がなく方向音痴の私にはとてもありがたかった。とにかく時間がないのであまりじっくりと探すこともできない。見つからなければしばらく通うか店で寝泊まりするかと考えていた頃、予算よりは少々高いが良さそうな町家を見つけた。洛中専門の不動産屋さんが言っていることはある部分は大げさではなかった。町家は夏暑く冬寒い。そして古くからそこに暮らしているご近所さんとのお付き合いもなかなか大変なこともあるようでやはり一人暮らしならマンションのほうが気楽なのかもしれなかった。

気になる町家がある界隈から店までは歩いて一五分、自転車でも六、七分程という距離だった。通りから少し入ったこぢんまりとした路地に並ぶ長屋の一軒で、向こう三軒両隣には長く暮らしている方が多かった。私が気に入ったのはあまり改装されておらず昔のままの建具などが残っていたことだった。一見格子戸で趣ある町家も戸を開けると通り庭がシステムキッチンになっていたり、床暖房が入ってフローリングになっていたり、壁にクロスが貼ってあったりと派手に改装されている物件が多かった。もちろんそのほうが快適なのだろうけれど私はどうもその手の改装がちぐはぐに思えてしっくりこなかったのだ。近くには地の人に愛されている様子のスーパーがあったり、大きなお寺さんがあったり、町の雰囲気も気に入った。寝袋で店に寝泊まりしようなどと考えていた癖にやっぱりいい仕事をするためには暮らしもしっかりと地に足をつけなくてはいけないという思いが湧いた。

何事もバランスが大切なのだ。自転車や徒歩で通勤できるから交通費もかからないし、小さいけれど内風呂があるからお風呂代もいらない。一人暮らしでこんな町家は贅沢かもしれないが、これからこの街に暮らして店をやっていく上では必要な家かもしれない。気に入らない家を借りて、また引っ越しをすればお金もかかるだろう。とまあぐるぐる考え、私は自分に投資するような気持ちになってこの家に暮らすことに決めたのだ。

いろんな物件を見るのはとても楽しかった。その都度そこで暮らす自分を想像してみるのだ。家は良さそうだけれど、その周りの環境や雰囲気があまり気に入らないということはよくあった。何よりこの家とは相性がいいような気がしていた。

いよいよオープン

本棚の色は四日市のメリーゴーランドと同じ、こげ茶色になる予定だった。設計図を眺めながらふと増田さんに「私が色決めてもええ?」と尋ねてみるとすんなりとオッケーが出て、京都の店の本棚はグリーンとグレーを混ぜたような色にした。この色は私がアメリカで借りていた部屋の壁の色でとても気に入っていたのだ。落ち着きがあるけれど暗すぎず本によく似合うような気がした。何よりこの色の本棚に囲まれたならきっと居心地がいいように思えたのだ。

天井まで届く本棚、本棚の下には在庫を入れるための大きな引き出し、本棚と同じ色の梯子。レジカウンターができ、内装がどんどん完成していくと、空っぽだった部屋は少しずつ本屋らしい顔つきになっていった。小さな部屋なのに天井まで届く大きな窓が三つある。五階で窓からは鴨川と東山が眺められ、八坂の五重の塔や清水寺も見える。自然光がたくさん入るのはとても気持ちいいけれど、本が日焼けするので、あまり明るいのも本屋としては辛いところ。ちょうどアメリカのホームセンターで何の気なしに買っていた深いグリーンのレースのカーテンが窓のサイズにぴったりで、これをかけることにした。照明は京都の B-GeneRATEd で偶然見つけた小ぶりのシャンデリアを使うことにした。どれも買った時には使うあてもなく、しまってあったものばかりだったけれど、まるで京都の店のために集めたようにしっくりと馴染んだので、不思議な気持ちがした。

いよいよ発注していた本が届く頃、定休日の火曜日に合わせて四日市のみんなが手伝いに来てくれた。まりちゃんまで来てくれたので、私は嬉しい反面、緊張していた。取次の営業の人も手伝いに来てくれて、総勢一〇人ほどで朝から夕方までかかって納品チェックから本棚に本を収めるまでの作業を黙々とやってなんとか目処が立ったように見えた。明日からは私一人で開店までの準備を整えないといけない。

まだまだ家のほうも段ボールに埋もれている状態だったけれど、オープンまで一〇日ほどしかないので、朝から晩まで店に通って一人で準備をしていた。不安と期待とでいっぱいだったのだろうか、「頑張ればなんとかなる！」とお得意の根拠のない自信に後押しされていたのだろう。

二〇〇七年九月一七日にメリーゴーランド京都は誕生した。当日はたくさんのお花が届きお祝いにお客さんが遠くから、近くからやって来てくれた。オープン記念であべ弘士さんと荒井良二さんが店の看板を二人で描いてくれた。その様子をライブペインティングのようにお客さんに見てもらってその後サイン会を開いた。

あっという間の一日で私はあまり記憶がない。前日も夜遅くまで棚を整理していたりレジ周りなどの細かな準備が間に合わなかったりとバタバタとしていたのだ。

思い出せるのはみんなが笑っていたこと。「おめでとう！　いい店になったね」とたくさん言ってもらったことだ。

ついにここまで来た。けれど私は嬉しい気持ちよりもこれからどうやったら店を続けていけるのだろうと不安のほうが大きかった。月の光も灯台の光も届かない夜の海の真ん中まで船が流されて来たような気持ちと言おうか。

いろんな人が駆けつけてくれる華やかな賑わいは一週間もすれば静かになっていった。さて、ここから始まるのだ。お祝いムードの日々の間に私はじわじわと自分の覚悟を確かめざるを得なかった。舵の取り方も船の操舵もさっぱりわからないけれどどこかにあるだろう新天地を目指して進むしかないのだ。

店をオープンして一週間くらいした頃、東京の「クレヨンハウス」の岩間建亜《たてつぐ》さんと名古屋の「メルヘンハウス」の三輪哲《てつ》さんが店を見にきてくれた。「本屋が街からなくなったり、店を縮小したり、後継ぎがいなくて店を畳んだりしている時代に京都に店を出すなんて、増田くんはやっぱり他の人とは感覚が違うんだね」と二人は半ば呆れたような、けれど増田くんらしいと面白がっているような顔で言った。「僕は年を取ったらこんな店で店番をしていたいよ。君はいい店を作ったね」と岩間さん。「増田くんはこんないい店を任せられるスタッフに恵まれて本当に幸せもんだわ」と三輪さん。その日お二人は京都に一泊してくれた。駆けつけてくれて一緒にご飯を食べて、いろんな話ができたことは私にとって何よりの励ましになった。それから時々お二人は「どんな調子？　元気にやってる？」と電話をかけて来てくれた。私はその気持ちがとても嬉しかった。

日本で一番初めに「子どもの本専門店」を始めたのはメルヘンハウスの三輪さんだ。そのメルヘンハウスを訪れた増田さん曰く、「戸を開けた瞬間に雷に打たれた」そうで、

「俺もこれをやりたい！」と強く思い、メリーゴーランドを開いた。メルヘンハウスの開店が一九七三年、メリーゴーランドが一九七六年、クレヨンハウスも半年後の同じ一九七六年のことだった。

この三社でサマーカレッジという夏のイベントを二五年間も共催した。サマーカレッジは子どもの本の業界では重要な位置を占める夏のイベントとなった。大人たちは普段なかなか会えない作家の話を直接聞き、全国から集まって来た子どものこと、子どもの本に興味のある人たち同士の交流の場となった。子どもたちは「子ども学園」といって大人たちと離れて過ごす。「子ども学園」担当はもちろんメリーゴーランドだった。班分けした子どもたちと過ごすのは学生のボランティアが中心になりクレヨンハウス、メルヘンハウス、メリーゴーランドからも毎年スタッフが参加した。

回りだした京都の店

お金がない

京都の店がオープンして初めての月末がやって来た。月末といえば支払いだ。予想通りというか当然というか、あちこちから届く請求書は厳しい現実を突きつけてきた。一月分の売り上げを集めても支払うべき金額にはとうてい足りない。

さて、どうしたらいいのかさっぱり検討のつかない私は、とりあえず増田さんに「お金が足りやんのやけどどうしたらええんやろ？」と電話をした。今考えると随分呑気なものだ。そのとき増田さんがどう答えたのか覚えがないけれど、私はてっきり増田さんが何とかしてくれるもんだと思い込んでいたのだ。現状報告してすっかりやるべきことをやったような気になっていると、まりちゃんから電話があり「京都分の支払いとして来週までに二〇万円、四日市の口座に振り込んでください」と事務的な口調で言われた。

「そうは言っても京都にお金がないんです」と私が言うと「それはそちらの問題ですよね、四日市は京都を助ける余裕なんてないのでそちらでどうにかしてください」とピシャリと言われ電話は切れた。

さあ、いよいよ大変なことになった。どうやってお金を工面したらいいのかさっぱりわからない。どこにも頼るところがなくなった私は引っ越しですっかり寂しくなった自分の貯金通帳を持ち出すしかなかった。四日市だって店の修理などで銀行からお金を借りてやりくりしているのだ。私が店にお金を貸していつか返してもらったっていい、と考えた。

それからは月末が来るのが怖くて仕方なかった。四日市にはもう何があってもお金の相談はしたくない。私の貯金といっても限度がある。だからといって急に売り上げが伸びるわけもない。一日が終わってレジを閉める頃、あまりにも売り上げが寂しいと自分で本を買って少しでも売り上げの足しにするようにした。

こんなことをしていたって何の意味もないことは十分わかっていた。

けれど何をどうしたらいいのか全く見当がつかなかったのだ。

一冊一五〇〇円の絵本が売れたとしよう。本の利鞘《りざや》がよくて三割としても、一冊売って店に残るのは四五〇円、そこから袋代や人件費、家賃、光熱費がかかってくるのだ。一冊を売るために本屋はどれ程の労力を費やすだろう。お客さんの希望するような本を探して、内容を説明して、ゆっくり読んでもらって買ってもらえたらラッキーで、「やっぱり今度にするわ」と言われてしまうことは多々ある。

ある日五〇代くらいの女性のお客様がレジカウンターに山のように本を持っていらした。私は「こんなに買ってもらえるのか！」と密かに興奮した。するとその女性は「この中でアマゾンで買えない本だけ買いたいけどどれかわかる？」と言ったのだ。私は耳を疑った。嫌がらせで言ってる様子はなく、いたって真面目なのだ。「何の悪びれもせず本屋にそんなことが言えるんだ」と内心驚いた。

この本を全部買ってもらえないことがわかってがっかりはしたのだが、ここで諦めるわけにはいかない。一冊でもいいから何とかこの人に本を買ってもらいたいと思った。あいにくうちは新刊書店だ。新刊書店ということは、今流通している本を扱っているということなのでほとんどがアマゾンでも手に入る本ばかりが並んでいる店と言って間違いはないだろう。けれど、ここからが勝負なのだ、「全部買えますよ」と心で思っていたって口が裂けてもそんなことは言うまい。ネットで買っても古本で買っても本屋で買っても本の内容は必ず同じだ。だったら本屋は何を売るのか？　本棚を眺める喜び、あれこれ手にとって選ぶ楽しみ、思いがけない本との出会い、店員との会話、その全てが合わさって本屋なのだ。

広告代理店で働いていた頃、喫茶店のマスターに「うちは一杯三〇〇円でコーヒー出してるけど、広告出したら一体何人お客さんが来るん?」と言われた。時々、広告代理店の営業さんがうちの店にも訪ねてくることがある。企画書を見ながらあのときマスターに言われたことを思い出し、私も同じことを思うのだった。

「三年待ってください」と増田さんは会計士さんに言ったそうだ。けれど「三年やってみてダメだったからやっぱりやめました」となるのは絶対に嫌だった。私にはもう戻る場所はないのだ。店は私しかいない。何かイベントをやろうと思っても場所もスタッフもいないのでどうにもならなくてもどかしい思いをした。その点、四日市は店の三階がホールでスタッフもいる。本当に恵まれた環境だったのだと改めて気づくこともたくさんあった。

気持ちは焦るけれどできることから一つずつやって積み重ねていくしか道はないのだ。親しい作家さんが「今度京都で講演会するから本の即売をやってくれる?」とか、「関西に行くついでに寄るから何かイベントする?」と時々声をかけてくれるのはとてもありがたかった。そんなときは友人に店番を頼んで本を担いで売りに行った。即売で少しでも売れたらそれは店の売り上げの足しになる。あとは地道に一冊一冊本を売ることしかなかった。

月末に支払いをしたら店のたくわえは綺麗になくなっていたのが、少しずつ残るようになっていったのは、オープンから三年を過ぎた頃だったかもしれない。

好きな本しか売らない本屋

京都の店を始めた頃は四日市の店をぎゅっと凝縮したような店にしたいと思っていた。今までメリーゴーランドに通ってくれているお客さんはもちろん増田さんやスタッフたちをがっかりさせてはいけないという思いが強かったのだ。そこに自分の色を乗せるような発想はあまりなかった。

オープンしたての店を訪ねてくれる人たちは口を揃えて「良い店になったね」とか「素敵な空間ね」とか大抵褒めてくれた。私も褒められるのは好きなのですっかりいい気分になっていた。

そんな頃、編集者の松田素子《もとこ》さんが来てくれた。店の雰囲気を見、じっと棚を眺めながらいつもの「いい店になったね」の一言を待っている私に素子さんは、「これが潤ちゃんが作りたかった店なの？」と言った。

私はトンカチで頭をガツンと殴られたような衝撃を受けた。

最初の頃の店の棚は四日市の店に合わせてあいうえお順の作者別で本を並べていた。本の並びをあまり深く考えていなかったのだ。そもそも四日市とは広さが全く違う。ぐるりと見渡せるほどの小さな店なのだからあいうえお順にする必要なんて一つもなかった。収めてみて何だか面白みもないししっくりこないなと薄々は感じていたけれど、この本棚にぎっしりと詰まっている本をもう一度出して並べ直す気力はなかった。素子さんに言われて、何を言っても言い訳にしかならないと思った私は「一ヶ月後にきっとまた来てください」と言うのが精一杯だった。

次の定休日を待って本の総入れ替えをした。眺めていて飽きない、ちょっとした発見が隠れているようなわくわくする棚が作りたいと思った。作者も国も時代も関係なく「この本の隣にこの本を並べたい」とか「この本を好きな人だったらこの本もきっと気にいるのではないか」などなど考えながら本を棚に収めていくのはとても楽しい作業だった。並んでいる本は全く同じなのに並べ方、見せ方を少し変えただけでこんなにも違うのかと自分でも新鮮な驚きがあった。

蔵書は四〇〇〇冊ほど。こぢんまりとした小さな店だ。どこにどの本があるかは私の頭の中には大体入っているので検索などせずとも尋ねてもらったらすぐにわかる。好きな本しか置かないと言えば聞こえはいいのだけれど好きな本しか勧められないと言ったほうがしっくりくるかもしれない。不思議なことにメディアで話題になっている本とメリーゴーランドはなぜかしら縁遠いのだ。そういう本を置いてみることもあるのだがちっとも売れない。いつの頃からか、歩いていける距離に大きな書店があるからうちでは置かなくてもいいやと思うようになった。その代わり大きな書店では埋もれてしまって見つけられないような本を並べたいと思っている。同じメリーゴーランドでも四日市と京都とでは売れる本が全く違う。客層が違うことも多少あるのかもしれないが、それよりも売る人が違うことのほうが大きいように思う。売れ筋は自分たちで作るのだ。

次々と新刊が出るものだから、話題になっていたと思ったのにもう世の中は新しい本を求めていたりする。けれど私たちが大事にしてきた子どもの本は消費するために作られたものではないのだ。細く長くゆっくりと時間をかけて売れ、読まれていく。そうやって多くの人たちの思いを乗せて子どもの本の文化は作られてきた。作るほうにも売るほうにも「子どもたちに届ける」という覚悟が必要なのだと思う。そして本屋には読者を育てるという意識も必要なのではないだろうか。

「潤さんはすぐに顔に出ますよね」とスタッフからよく言われる。興味のあること、好きなことはものすごく集中するくせに、嫌なことはとことん嫌そうにするのだ。そういう性格だから好きな本しか売れないとなってしまうのかもしれない。

私の店であって私の店でない

店の名前を決める時もさほど悩まず当然「メリーゴーランド京都」と付けた。

一人というのは気楽な面もあって、例えばお客さんのいない時に店の本を立ち読みしていたって誰に咎められるわけでもなく、ちょっと店を閉めてお昼を買いに行くことだってやろうと思えばできる。けれどもこういう時に限って久しぶりのお客さんが来たりすることもあるので、やっぱり店を閉めることができない。

どうにもこうにもやる気の出ない日ももちろんあるのだけれど、やるべき仕事を自分がやらなければ誰もやってはくれない。というわけで結構真面目にやっているのだ。

京都の店は独立採算だ。売り上げから家賃や人件費を払い本を仕入れてなんとかやっている。店の仕入れや企画などを増田さんに相談することはほとんどなく、私のやりたいようにやらせてもらっている。メリーゴーランド京都は私の店のようであるけれど、それだけではなくて、メリーゴーランドという本屋が担っている子どもの本の文化に関わる大きな流れの一部なのだと思っている。

今の時代を生きる私たちは地球の大きな歴史の中の一部であってそこを間借りさせてもらっていると思っているのだが私は店をそれに似た感覚でやっているのだろう。

最初こそ私一人できりもりしてきたが、今はスタッフが一人いるし、四日市にはたくさんの仲間がいる。迷ったとき、しんどいとき、スタッフの存在というのはとても大きく、歴代のメリーゴーランドスタッフが作り上げてきた店の看板に恥じないような仕事をしなくてはいけないという覚悟だけはしっかりと持っているつもりだし、その覚悟が私を支えてきたことは間違いない。

私を見守る看板

本屋は待ちの商売だ。お客さんが来てくれるまで私はここから動くことさえできない。企画を長くやってきた身としてはもどかしいところだった。何かイベントをしたいと思っても、四日市のようにスペースがあるわけではないので難しい。何か思いついたらすぐにでも形にできた四日市時代はどれだけ恵まれていたことだろう。

京都での初めてのイベントは荒井良二さん、あべ弘士さんに店の看板を描いてもらうというものだった。あべさんと荒井さんはメリーゴーランドに入ってからずっとお付き合いのある作家さんで、「ひげのおっさんツアー」に参加してくれたこともある。これは増田さんと仲のいい作家や編集者がプライベートで旅行する企画で、参加者が皆ひげとメガネだったのでこの名がついた。二人は北欧やアフリカなど何度も旅をした仲間でもあるので、私にとっては特別な存在だった。そんな二人がわざわざお祝いに来てくれて店の看板を描いてくれるなんて本当に夢のようだった。

二人合作の看板は店のこれからを見守ってくれているように思えた。こんな風にイベントをすれば人が集まって、本を手にとり、売り上げにもつながるのだ。けれどやはり本屋のスペースでは手狭すぎてイベントどころではない。たまたまこのときはお隣の川嶋さんが運営しているショーケースギャラリーを借りることができたけれど、毎回というわけにもいかない。それにスタッフは私一人なのだからできることにも限りがある。やっぱりこれからどうしていいのか皆目見当もつかない日々はまだまだ続いていた。

お留守番の人

同じフロアにギャラリーギャラリーがあるのは本当にありがたかった。「あら？　新しいお店ができたん？」とギャラリーに集まる作家さんやお客さんが言うと、啓子さんはよく「そやねん、三重の四日市に本店がある本屋さんやねん。この人はお留守番の潤ちゃん」と紹介してくれた。啓子さんは決まって「お留守番の潤ちゃん」と言うのだ。一人しかいないのだから店長も何もないのだけれど私は「お留守番」と言われるのが嫌だった。「お留守番って言わんといて」と言おうかと何度も思ったけれど、無意識にそういう言葉が出てくるということは、そう見えているということなのだ。いつの日か啓子さんに「お留守番」と言われないように頑張るしかないと心に誓った。

京都の人によく言われたのが「四条河原町から南って行かへんわ」ということだった。どこの街にだって人が集まる場所と人の流れができにくい場所がある。寿ビルのある「四条河原町下る（南へ行く）」という場所は京都で一番賑わっている交差点からほんの少し離れただけなのに、そういう場所だった。「こんな場所のビルの五階でお商売やったって人が来るわけないやないの」「ここは会員制のお店ですか？」「何で看板がないの？」「ここの本は売りものですか？」とよく言われた。傷付くこともあったけれど店を見てくれた人の何気ない一言に気付かされることはたくさんあったし、そういった些細なことにこそ、大切なものがあるような気がしていた。

いたずら電話と寒い冬

ある日電話を取るとどうも変な雰囲気がする。すぐにいたずら電話だとわかったけれど店にはお客さんもいたのであまり変なことも言えない。なんとなくやり過ごしていると、そのときは切れたもののまた時々かかってくるようになった。

四日市にいた頃はそういう電話がかかってくると仁さんや増田さんに代わってもらえばことなきを得たのだが、今はそうはいかない。頻繁にかかってくるようになると流石に気味が悪くなってきた。女一人で店番をしているのも物騒かもしれないと増田さんに相談すると、「道着でも干しとけ」と言われた。増田さんはこういうとき親身になって何か策を練るというようなことはせずに、案外突き放すのだ。これも相性というのかどうかわからないが甘やかされるとダメになるタイプの私には合っていたのだろう。

不純な動機で始めた少林寺拳法だったけれど、なんとか弐段まで取ることができた。体力的にはきついときもあったけれど年齢も仕事も違う雑多な人たちが通う道場で、同じ技を身につけるために精進したことはとてもいい経験だったし、できなかった技や動きがある瞬間できるようになるのは面白くて仕方なかった。そして実際に役に立つかどうかはわからないのだが、やはりこういうときに少林寺拳法をやっていたことは自信につながっているのだ。

ちょうど秋が終わってそろそろ本格的に寒くなってきた頃だった。私は小さい頃から冬になると手足が冷たく、しもやけになる体質だった。指の先がちょこんと赤くなるような可愛いものではなくて手も足もポンポンに腫れ上がり痛くて痒くてとても辛いのだ。これは遺伝で、おばあちゃんも母もひどいしもやけになっていたから、二人にこの辛さをわかってもらえるのはせめてもの救いだった。なぜって「しもやけ」と言うと「今の時代になる人がいるん?」とか、「どんな生活してんの!?」とか驚かれるからだ。「一回なってみたいわ~」なんて心ないことを言われたことだってある。なので、「しもやけになるのよ」と言う人に出会うと初対面の人でも固く握手をして「お互い頑張りましょう!」と肩を抱き寄せたくなる。

特効薬などなくて、なりたての頃はお風呂でマッサージをしてクリームを塗ったりしているのだけれど、そのうち痛くて触ることもできなくなってくると、私は春になるのを待つしかもう手はないと思っている。

大人になってから流石に手にはしもやけができなかったのだが、京都で迎えた初めての冬、なんと手も足も小学生の一番辛かった頃のようなしもやけに苦しむことになった。それくらい京都の冬の底冷えは厳しかった。

噂以上に町家での暮らしは寒く、さらに店も古いビルだから寒かった。しもやけができるとそれだけで憂鬱な気持ちになる。動くのが億劫で人に会うのもなんとなく面倒になっていた。いたずら電話がかかってくるようになったのはそんな頃だったのだ。憂鬱な気持ちは憂鬱な空気を引き寄せるのかもしれない。「このままではあかん！　冬に負けてたまるか！」と私は一念発起した。手足をぐんぐんと振って歩き、朝と寝る前には足湯もした。思いつく限りのポジティブなことに挑戦した。結局道着は干さなかったけれど、いつの間にかいたずら電話はかかってこなくなっていた。

4章
店と家族

京都の生活

家族ができる

京都には何の縁も所縁もない私は、知り合いもほとんどいなかった。そんな私を、メリーゴーランドとはとても御縁の深い児童文学作家の今江祥智さんが折にふれ、気にかけてくださった。

ある日、今江さんに「面白いお寺に連れて行ってあげましょ」と言われ、訪ねたのが徳正寺だった。ちょうど今江さんの『ひげがあろうがなかろうが』（解放出版社）の出版を祝う会を開催することになっていて、私もそのお手伝いをさせてもらうことになり、それから準備や何やらで徳正寺にはちょくちょく顔を出すようになった。後に夫になる迅くんと知り合うより先にお寺の章子さんと等さんと知り合ったのだ。

ある日、章子さんが秋野不矩さんの絵本をたくさん注文してくれたことがあった。不矩さんは日本画家で、徳正寺の住職である等さんのお母さんなのだ。

絵本が揃ったので電話をしたものの、これを歩いて持って帰るのは大変そうだと思い、店を閉めてから自転車で届けた。ちょうどその日には東京から画家の山下菊二さんのおつれあいの山下昌子さんが来ていて、章子さんが「よかったら一緒にご飯どうですか?」と誘ってくれたので、私は喜んでお邪魔した。そこに迅くんがいた。話の流れからどうやらこの青年は章子さんと等さんの息子さんらしいことはわかるのだけれど、とにかくちっとも話さない。食事が終わって会がお開きになる頃、唯一の若者だった迅くんに、「京都で面白いライブハウスってどこですか?」とあまり期待もせずに聞いてみた。ライブに出かけるようには見えなかったからだ。すると「ちょうど明日僕の企画する展覧会のオープニングでいいバンドが演奏するよ」と案内状をくれたのだ。それは現代美術家の浮田要三さんの展覧会だった。

私は灰谷健次郎さんのお宅にあった浮田さんの作品が大好きだった。あまりに素敵だと私が言うものだから灰谷さんに、「いくら褒めたって潤くんにはあげへんしな」と釘を刺されたこともあった。灰谷さんが亡くなり、訪れることもできなくなるからと増田さん、新田さんたちと灰谷健次郎事務所の岸本さんの案内で、渡嘉敷島の家を訪ねたことがあった。主人を亡くして空っぽになった部屋はどこか寂しげだった。

その部屋の片隅に、なぜか浮田さんの作品がぽつんと置いてあるのを増田さんが見つけたのだ。岸本さんが「増田さんと潤ちゃんが持ってていいよ。きっと灰谷さんが二人に置いてってたんやわ」と言ってくれ、その作品は今もメリーゴーランドに飾ってある。

その浮田さんの展覧会を迅くんが企画し、初日のイベントには浮田さんも来るというのだから行かないわけにはいかない。浮田さんに会って灰谷さんのところにあった作品がひょんなことから私が持っていることをどうしても伝えたかった。

ライブは当時京都を中心に活動をしていた「かりきりん（下村よう子＋宮田あずみ）」と「吉田省念と三日月スープ」でどちらのバンドもとにかく素晴らしく、私は瞬く間にファンになった。とりわけ「吉田省念と三日月スープ」でトイピアノをとびっきりかっこよく弾いているちこちゃんこと鈴木ちひろちゃんから私は目が離せなくなり、後から「目の大きい、見たことない子がムッチャ見てくるから気になって仕方なかった」と言われた。それからちこちゃんと仲良くなりライブに通い、ちょくちょく迅くんともライブ会場で会うようになったのだ。迅くんがくれた一枚の展覧会の案内状をきっかけに私の京都での生活は動き出した。

迅くんとは浮田さんをきっかけに仲良くなり、その後六〇年近く前に関西を中心に発行されていた『きりん』という子どもの詩の投稿雑誌の詩を迅くんが本にまとめたいと考えていることを知り、私はぜひ手伝わせてほしいと申し出た。浮田さんは、この『きりん』の編集と発行、そして営業までも担っていた人だったのだ。

ほどなくして私と迅くんは付き合い出し、お互い「結婚」のことを考えるようになった。私の頭にまず浮かんだのは章子さんや等さんから反対されるのではないかということだった。お寺の奥さんは坊守さんと呼ばれて寺を守るのが役目と聞いている。私は店があるので結婚するから仕事を辞めるという選択肢は全くない。とするとお寺に迷惑をかけることになるだろう。これはお寺としては困るのではないだろうかと思ったのだ。反対されるのが怖かったけれどこればっかりはどうしようもない。

話をすると二人ともとても喜んでくれたので心からホッとした。

赤ちゃんがやってきた

自分がどこでどんな風にお産をしたいかなど、考えたことがなかった。お腹に赤ちゃんがいるかもしれないとわかったが、一体どの病院に行けばいいのかさっぱりわからない。ひとまず子どものいる人に「どこで産んだ？　どこの病院がいい？」と尋ねるとほとんどの人が「○○病院がいいよ」とある病院の名前を言った。

早速予約を取って診察に行った。入口から凝った内装でお金がかかっているのだろうなと思った。とても人気があるらしく診察の予約を取るのも一苦労だった。

赤ちゃんは確かにいた。七週目でまだ豆くらいの大きさだそうだ。予定日は九月一日だと告げられた。迅くんに伝えると嬉しいような恥ずかしいような様子で、「よかったな」と穏やかに言った。

私はとっさに「夏の沖縄どうしよう、これから店どうしよう」とそればかり気になった。八月には毎年恒例となった「あそびじゅつin沖縄」が控えていて、もうすぐ沖縄に下見に行く予定だったのだ。先生に「八月に沖縄で仕事があるんですけど、行けるものでしょうか?」と尋ねると「無理に決まっているでしょう」とあっさり言われた。

受付で支払いをする時に「分娩予約してください」と言われてきょとんとしていると、この病院はとても人気があるから、今から予約をしないとここでは産めないかもしれないとのことだった。先生もたくさんいて毎回同じ先生に診てもらうわけではなく、誰に当たるかはわからないのだそうだ。他に選択肢があるわけでもないのだけれど、病院の雰囲気や先生、受付の人の物言いでなんとなく私には合わないなと思い、「今日は予約しません」と伝えると「じゃあ他を当たってくださいね」とピシャリと言われて驚いた。

いつかは結婚して子どもを産むかもしれないとは思っていたけれど、切に願っていたというわけではなかった。もちろん産まないという選択はありえないのだけれど、突然のことに手放しで喜べていない自分に戸惑っていた。

病院を出てまず母に電話をしなければとカバンを探っていると突然電話が鳴った。着信を見ると神戸の明美おばちゃんからだった。明美おばちゃんは父の友人のおつれあいで、血は繋がっていないけれど私にとっては頼りになる親戚のおばちゃんのような存在なのだ。慌てて電話に出ると、「どうしてる? 元気にしてんの?」と柔らかな声が聞こえてきた。今病院帰りで赤ちゃんができたということを伝えると明美おばちゃんは、「わ〜! よかったやないの、おめでとう」と心から喜んでくれたのだ。「仕事どうしようと悶々としていた」と話すと「何言ってんの! そんなんなんとかなるわ!」とあっさり言われ、やっとじわじわと嬉しさが込み上げてくるのを感じた。

そうだきっとなんとかなる。いろんな人に助けてもらえばいいのだ。

増田さんに話すのが一番緊張した。どこかで「なんで今なんや!」と言われてしまうのではないかと思っていた。正直、自分でもせめて夏が終わってからだったらよかったのにと思っていたのだ。下見に行く前にきちんと増田さんに話をして夏の企画が動き出す前に誰かに引き継がなくてはならないだろう。

意を決して電話をすると、増田さんは「お〜！　よかったやないか！」と喜んでくれた。「沖縄どうしよう」と言うと「引き継ぐスタッフも一緒に下見に行くことにしよか」ということになった。肩の荷が下りた気がしてやっとホッとできた瞬間だった。

自分にしかできない仕事があると思ってやってきたけれど、実はほとんどの仕事は自分でなくてもできるとも思っている。空いた穴は大抵どうにかして周りのスタッフが埋めてくれ、また新しい形が作られていく。けれど出産となると、間違いなく自分にしかできないのだ。


私はもちろん覚えてはいないけれど、母は私を塩浜の市民病院で産んだ。祖母は母をおそらく自宅で産んだのだろう。ほんの三世代の間にお産の様子は様変わりしているのだなとぼんやり考えた。きっとそういうものだからみんなそうしてきただけなのだろう。けれど今は選択することができる時代だ。私は、できれば助産院で出産したいと思った。

一番の理由は手術や入院の経験などない癖に、病院という空間が苦手だということ。そして分娩台のあのスタイルで踏ん張れる気がしなかった。何よりほんの一昔前まではみんな畳の上で産まれていた。産婆さんやご近所があれこれと世話をして、出産もお葬式もみんなでなんとかやってきたのだ。様々な理由があるのだろうけれど、いつの間にか病院での出産が当たり前になってきて、助産院での出産は少数派となったらしい。もちろん病院で出産したから助かった命もたくさんあるだろう。けれど医療に頼らずとも、これまで出産に際して培われた知恵があれば畳の上でお産ができるのも確かなのだ。人生でそう何度も経験できないことなのだから、私は「できるものなら暮らしの延長線上のようなお産をしてみたい」と思った。

アルバイト

産んでからしばらくはどう考えても仕事を休まなくてはならない。店をどうしたらいいのかと日々考えている頃、「バイトしたいんですが」と訪ねてくれる人があった。時々店に来てくれていた女の子で、もうすぐ大学を卒業するのだという。渡りに船とはこのことだと早速お願いすることになった。京都の店で初めてのアルバイトだ。

今までずっと一人でやってきたのには人件費を払えないという問題もあった。私がどうしても店を抜けなくてはならない時に、友人にお手伝いをお願いすることはあったものの誰かを雇うのは初めてのことだった。幸い私が休む間の給料は雇用保険でなんとか賄えることがわかり、浮いた分をバイト代に充てることができた。

そろそろ臨月を迎える頃、助産院の先生に「仕事はもう休んでんの?」と聞かれ、「できる限りギリギリまで店には出ようと思っている」と話すと「何考えてんの! お母さんがゆっくり休んでお産に向けて心の準備をしないと赤ちゃんは安心して生まれてきてくれへんよ」と叱られた。メリーゴーランドには四日市の店長のまりちゃんが二人目の出産のとき、店で破水し増田さんが慌てて産院に運んだという伝説のような話がある。それを目指す気はなかったものの、なんとなくそれくらいしないといけないという思いがあったのかもしれない。出産をして仕事を続けているスタッフはまりちゃんだけで、みんな結婚や出産で店を離れていた。まりちゃんの出産からもうもう一〇年以上が過ぎているのに私が出産する二人目のスタッフなのだった。後ろ髪をひかれる思いで予定日の二週間前に産休をとることにした。メリーゴーランドで働き始めて、こんなに長い休みをとるなんて初めてのことだった。

一旦休むと決めるとワクワクしてきた。のんびりと出産準備をしながらあれこれやりたいことをしようと思いいろんな計画を立てた。初産は予定日より遅くなると聞いていたのでまだまだ時間があると思っていたのに、産休に入ってホッとしたのか予定日より一週間も早く長男は誕生した。

産まれるまで性別を聞かないでいたので産まれて男の子と初めてわかった。名前は顔を見てから考えようと話していたので赤ちゃんには産まれてしばらくは名前がなかった。迅くんも私も漢字一文字の名前なので息子も漢字一文字がいいとなり、音を私が、漢字を迅くんが考えて「蓉《よう》」と名をつけた。名前はこれからこの子の人生で一番耳にする音だろう。それが心地よく耳に響く音であるといいと願った。

赤ちゃんのいる店

家から店までは歩いても一五分ほどの距離にあるので、家にいたら店のことが気になって落ち着かないだろうと思っていたのに、赤ちゃんとの暮らしは思いのほか慌ただしく、ちっとも店のほうに気持ちが向かない。そんな自分が意外だったのだが、私は案外切り替えのきくタイプなのかもしれないと思った。産院から三重の実家に戻り、一ヶ月を過ごし京都に戻った。蓉が三ヶ月を迎える一一月頃にぼちぼちと店に戻ることになったのだが、保育園に空きがない。蓉を連れて行き、店のカウンターの横にベビーベッドを置くことにした。スリングやおんぶ紐を駆使してもさすがにずっと抱っこではこちらがもたないし仕事にもならない。よく寝ているからと思いベビーベッドにそおっと置こうとすると、その瞬間に目を覚まして泣き出すのだ。赤ちゃんの背中には絶対に目に見えないスイッチが付いていると思うくらい、置いたら必ず泣き出した。

こんなことの繰り返しで、私の記憶ではただただバイトさんが来るまでなんとか持ちこたえるだけで精一杯だったのに、数年が経ち、時々お客さんから「ここにあったベッドですやすやと眠っていた赤ちゃんはいくつになったの？」と聞かれることがある。「え!? 寝てました？」と驚く私に「お母さんの側で本に囲まれて赤ちゃん幸せそうだったわー」と言われ、そんな瞬間があったっけ？　と思う反面、そんな風に覚えていてくれる人がいることはなんてありがたいことだと思うのだった。

時々電話がかかってきたタイミングなどで蓉が泣き出し困ることもあった。そういうときはお向かいのギャラリーギャラリーの啓子さんが「はいはいー」と言って蓉を抱っこして連れ出してくれた。「ちょっと助けて」と言える相手がそばにいるのはどれだけ心強いことか。一人で子育てなんて絶対にできっこないと痛感する日々だった。

赤ちゃんが店にいるというのは赤ちゃん連れのお客さんにとっても安心してもらえるようで、子育てのことなどで色々と話に花が咲いたこともあった。しかし赤ちゃんはいつもにこにこと機嫌がいいわけではない。「赤ちゃんがいていいですねえ」と言ってくれる人もいれば「赤ちゃんがいたからゆっくりできなかったわ」と思う人だってもちろんいたと思う。あの頃の私はお客さんに甘えてはいけないという思いと、今はこれが精一杯だという思いの間でいつも揺れていた。

一人で店をやっていた頃は風邪を引いても熱があっても店を休むという選択肢はなかった。自分の都合で店を休みにすることは絶対にしてはいけないと思っていたのだ。トイレにはお客さんが途切れたタイミングで電話の子機を持って走り、お昼はパソコンに隠れてお弁当を急いで食べる毎日だった。ところが子どもが産まれてからは自分の都合や気合だけではどうにもできないことばかりだった。バイトさんを頼めない時は迅くんに店番をお願いすることもあり、お参り帰りの迅くんが黒衣でカウンターに座っているのはなんだか場違いなようでおかしかった。毎日が予定通りになんていかず、やるべきことをこなすのに必死だったけれど、賑やかで楽しい日々だった。いつかこんな日常を懐かしく感じる日が来るのだろうかと時々考えた。

保育園選び

「小さいうちは預けないほうがいいよ」という声もちらほらと聞いてはいたが、私はそろそろ本格的に仕事に戻りたいと思っていたので保育園を探すことにした。

初めて見学に行った保育園で子どもたちのマーチングバンドの演奏を見て、小さな子たちが必死に演奏する様子に私たちは驚き、どこか違和感を感じた。「うちでは年長さんになるとそれぞれ担当の楽器を持って、こんなに素晴らしい演奏ができるように指導しています」と先生はとても誇らしそうだった。次に見学した園では「卒園までに何かの賞に入賞するように指導しています」と言われ、次の園では「布おしめは不潔なので使うことができません」と言われた。結局そんなつもりはなかったのに、区の保育園をほとんど見て回ることになったのだ。

私たちは何か特別素晴らしい環境を求めているわけではなかった。自分たちの暮らす町にある近所の子どもたちが通う園に通って、地域の小学校や中学校に通えばいいと思っていた。もちろん環境は大切だと思う。けれどメソッドには興味がなかった。

結局どんな場所、環境にいたって嫌なことも納得いかないことも必ずやってくる。それと同じようにそこで喜びも新しい出会いも見つけることができるはずだ。親も子も大切なのは、柔軟に物事を受け止める心構えとたくましさなのではないだろうか。

蓉が一歳になってすぐの九月、家と店の間にあるこぢんまりとした保育園になんとか入園することになった。

初めての登園の日、同じタイミングで途中入園する親子が集まって説明を受けた。この日は、迅くんが蓉を連れていってくれた。帰り道、偶然方向が同じになったお母さんと話しながら歩いていると、その人はなんとメリーゴーランドを知っているそうで、帰りに店に寄った迅くんが興奮して話してくれた。そんな人が同じ園にいるなんてまだ会ってもいないのにとても心強い思いがした。そのあみちゃんは名古屋出身で私と同い年。東海地方出身ということもあってとにかく気が合った。あみちゃんとの出会いはおおげさでなく私の人生においてとても大切なものとなった。

四人家族に

蓉が三歳半の頃、次男の攝《セツ》が産まれた。蓉の時にもお世話になった助産院で産むことは決めていたし、一人目の時のような不安も緊張もあまりないまま臨月を迎えたように思う。すでに子どもが家にいる状態と大人だけの生活にいきなり赤ちゃんがやってくる状態とは違うのだろう。いい意味でこだわりがなくなっていたというか、おおらかになったというか、いいこともそうでないこともありのままを受け入れたらいいと思っていた。性別も蓉のときは絶対に産まれるまで知りたくないと思っていたのに、攝のときはわかるなら知りたいと思ったし、名前も性別がわかる前からなんとなく決めていた。

今回も音を私が、漢字を迅くんが決めた。陣痛が始まったのは二月の雪のちらつく日だった。予定日より遅かったのか早かったのかそれさえも全く覚えていない。

等さんの運転する車で助産院に向かい、到着して間もなく攝は誕生した。蓉は怖かったのか私が痛がる声を聞くと耳を塞いで「うるさーい！　うるさーい！」と言いながらおもちゃの置いてある助産院の待合スペースに遊びに行ってしまった。「もう産まれそうやから蓉くん呼んできて」と先生が言って迅くんが蓉を連れに行っているほんの少しの間に攝は産まれてきて、二人が部屋に入ってきたときには攝は私のお腹の上にペタリとくっついていたのだ。

久しぶりに見る赤ちゃんは本当に小さかった。ふわふわ、クニャクニャとしていてとても頼りないのだけれど、もうずっと前からここにいたような存在感を持ち合わせていた。蓉のときも同じように思ったのだけれど、この小さな人は私の子というより、不思議な縁でたまたま私たち家族のところにやってきただけなのではないかと思えた。確かに私のお腹の中に一〇ヶ月もいたのだけれど。

家族と相棒

うちの子、本に興味がない

本屋の子なのに蓉は本にちっとも興味のない子どもだった。あれもこれも読んでやりたいと意気込んで読もうとするのだけど、本を開くと自らページを次々にめくって「あいおしまい！」と言うのがお気に入りのようで、本ならなんでもいい様子。これは本屋にとっては張り合いがなくこんなはずじゃなかったのにな……と思っていた。

「まだ三ヶ月なのに絵本が大好きなんですよ」とか「二歳なのに『ぐりとぐら』をじっと聞いているんですよ」など、お客さんからは本好きな子どもの話を山のように聞いていたので、当然うちの子もそうなのだろうと信じて疑わなかったのだ。四日市のまりちゃんは「下の子がお腹にいた頃に上の子が『バーバパパ』が大好きで、毎日読んでいたら産まれた子は赤ちゃんの頃から『バーバパパ』が大好きだった」と話してくれたことがあった。これなどは身近に聞いた胎教のような話であり、なるほどそういうものなのだなと思っていたから、私も蓉がお腹にいた頃はお腹に向かって気に入った絵本を読んだこともあった。

あの頃は本には見向きもしない息子を見てひたすら「なんでなんやろ」と残念に思っていた。時々「うちの子は本にちっとも興味を示さないんです」とお客さんから相談を受ける。そんな時、私は自信を持って「大丈夫ですよ、周りにいる大人が楽しそうに読んでいたらそのうち興味が湧いてきますから」と言える。「うちの子もお話よりページをめくるのが楽しかったクチですから」と言うと、「え！　そうなんですか？」と一気に親近感を持ってもらえる。「本屋の息子が大の本好き」なんてできすぎた話で面白くもなんともない。

もしも蓉が私の期待するような本が大好きな子どもだったら、私はお客さんの悩みに親身になって「大丈夫ですよ」と言えなかっただろう。子どもは親の期待に背いていろんな世界を見せてくれるものなのかもしれない。

ジュンク堂で買うからな!

お正月の恒例イベントとして四日市のメリーゴーランドでは、普段は店になかなかいない増田さんが一月三日に店番をするので、この日を狙ってお客さんが遊びにきたり、里帰りしているスタッフが増田さんに会いにきたりする。うちの子たちもなんでも好きな本を一冊買ってもらえるので、嬉しそうに本を選ぶ。「もう決めた?」と声をかけると、蓉が持ってきた本はなんと小学生に人気のシリーズの最新刊で記念にフィギュアが付いているというなんとも悩ましいものだった。「えーもっと面白い本にしよよ」という心無い母の言葉を聞いた息子は「なんでも一冊買ってくれるって言ったやんか!」と言ってどうしてもと欲しがった。けれど欲しいものはおまけのほうなのがわかるものだから、こちらも譲る気になれず、他の本をあれこれ勧めようとしていると、蓉が「じゅんちゃんの嘘つき! そんなん言うんならジュンク堂で買うからな!」と言い放ったのだ。ぺちんとしっぺ返しを食らったような気分になり、さすがにこれには参った。結局「ジュンク堂で買うならうちで買ってください」となったのだ。案の定おまけのフィギュアはすぐに飽きてどこかに行き、その本も一度読んでその辺にぽいっとしている(ように私には見える)。けれどここで昔の私のように大人の好反応を期待して、たいして興味もないのに『ファーブル昆虫記』を持って来られても複雑なのだろう。一応私の思いは伝えたので、後は好きにしたらいいと思っている。

相棒

公私共々私は相棒に恵まれていると思う。夫の迅くんは僧侶をしながら文章を書いたり本の編集やデザインをしたりしている。古本屋めぐりが大好きで、仲間内から「ブッダハンド」と呼ばれている。古書善行堂の山本善行さんが古本屋の均一台から煌くような本を探し出すことから、「ゴッドハンド」と呼ばれていたことがあり、迅くんも時々そんなことがあったので神に対して仏ということで「ブッダハンド」と呼ばれるようになったのだとか。

迅くんは付けた電気は消さない。開けた引き出しももちろん閉めない主義だ。そしてあらゆるものがそのままだ。いつも私から「消して」「閉めて」「片づけて」とブツブツと言われるのだけれど、いい加減言うのにも疲れてきた。これはどうあっても治らないようなのだ。いつの頃からか「そういうもんだ」と思うようになっていった。諦めと言うより発想の転換と言ったほうがしっくりくるだろうか。そのときは「うんうん」と聞いてやるけれど、もともとそのような回路がないのだとしたら「暖簾に腕押し」「糠に釘」である。そんな私も「CD聴いたら元のケースに戻して」とか「本の上に物を置かんといて」とよく言われる。言われると「だって」とか「なんやねん」とか思うのだからきっとお互い様なのだ。

迅くんは思慮深くあらゆることにとても丁寧。私のように物事をいい加減にやっつけない。けれど言い換えると要領が悪い。頼まれると嫌とは言えない。決して器用でないのにたくさんのことを抱え込んで自分で自分の首を絞めるタイプである。そうして時々呆れるくらい無鉄砲なチャレンジャーだ。

蓉がまだ二ヶ月くらいだった頃、私に急な仕事が入ったことがあった。ちょうどお参りが休みだった迅くんが「みとるよ」と言うので「じゃあ二時間だけ」と出かけた。仕事を済ませてそろそろおっぱいの時間だと思い急いで家に帰ると、二人がいない。きっと泣き出して近所を散歩でもしてるんだろう、と思っていると迅くんから電話がかかってきた。「今日な、四天王寺の古本市の初日やからちょっと蓉と来てるから」と言うのだ。「え!? おっぱいは? おしめは?」家から大阪の天王寺までゆうに一時間半はかかるだろうと慌てる私とは裏腹に「スリングでよう寝てるから大丈夫やし。古本の免疫つけとかんとあかんから」と本人は呑気なもので拍子抜けしてしまった。

店をやっていると私はお盆休みなどの長期休暇がなかなか取りづらい。蓉が二歳になる夏のこと、迅くんは友人の荻原魚雷さんたちと連れ立って周防大島で暮らしているみずのわ出版のねこ社長（柳原一徳さん）を訪ねて二泊三日の旅行に出かけた。もちろん私は留守番だ。蓉はまだおっぱいを飲んでいたのでこれで卒乳だなとしみじみしながら二人を送り出した。

さて夜になり、蓉が眠たくなってきた頃、大人たちは宴もたけなわである。迅くんも楽しくてたくさんお酒を飲んだのだろう。旅の心地よい疲れもあって眠たくなった迅くんは早々と舟を漕ぎ始め、なんと蓉よりも先にゴロンと横たわって眠ってしまったというのだ。ずっと泣いている子を前に慌てたのは魚雷さんたちだ。父親は頼りにならないことがわかりみんなでなだめすかしててんやわんやだったらしい。帰りに京都に寄ってくれた魚雷さんから「最後は僕が潤ちゃんの三重弁を真似て『ようようー大丈夫やにー』ってあやしてたんやに」と話を聞いて呆れながらも大笑いした。魚雷さんは同郷である。

いつも意地悪なことばかり考えている私とは大違いで、迅くんはとにかく心根の良い素直な人なのだ。時にはこの性格にイライラとし、時にはこの性格に救われながらやっている。

お互いに好きな作家も読む本も全く違うのだけれど、私は迅くんの言葉や本に対する思い、縁を大切にする人との付き合い方などとても尊敬している。なので時々私の書いた文章を「ええやん」「面白かったわ」と言ってもらえるととても嬉しいのだ。違うけれど同じ方向を向いている。同じだけれど時々違う方向も向く。わたしたちはそんな夫婦だと思っている。

もう一人の相棒

京都の店を一人で切り盛りしていたのだが、いつの頃からかもう一人スタッフがいてくれたらと思うようになった。バイトさんには随分助けられてきたけれど、学校を卒業したり就職先が見つかったりで、どんなに頼りにしていてもいつかいなくなってしまう。そのたびにいつも、これからどうしようと不安になるのだ。今はお寺の等さんや章子さんも元気なので私は毎日店に出ていられるのだけれど、これからは私ももっとお寺の仕事にも関わっていかなくてはいけない。寺のことも店のことも中途半端にはできないのだ。それにここ数年は講演会などに声をかけてもらうことも増えてきた。私が店を留守にしてもその間、店をちゃんと守ってくれる人がやはり必要だ。木で例えるなら私は枝葉であり幹である。根っことなる部分を誰か信頼できる人に任せたいと思っていた。

ある日、四日市のスタッフの麻子さんに冗談交じりに「京都に越しておいなよ。一緒に店をやらへん？　京都はむっちゃ楽しいでー」と声をかけた。麻子さんも長くメリーゴーランドで働いているので、四日市ではかなり頼りにされているスタッフだ。なのでそんなこと叶うわけないと思っていた。

それがその後あれこれあって、なんと麻子さんが京都にやってくることになったのだ。そうと決まればとことん面倒見ましょう！　と私のお節介スイッチが始動して、家探しに本人よりも積極的に取り組んだ。やはりどんな家でどんな暮らしをするかは大切なのだ。休みのたびに二人で物件を見て回ってあーでもないこーでもないとやりつつ、私は良い住処が見つからなければ「やっぱりやめます」となるような気がして、夢が覚めないうちにいい家を見つけなければと気が気ではなかった。

四日市のスタッフたちから見て私は「ちょっと怖い存在」であるらしい。いつの間にか一番の古株となり、気になることがあれば率直にもの申すからだろうか。四日市にいた頃はわざわざ嫌われ役を買って出ていたようなところがあった。スタッフの仲の良さは店の雰囲気に反映されるので大切なのだけれど、それだけでは仕事は回っていかない。

うるさがられても面倒であっても突っ込む人が必要なのだ。なので「怖い人」と思ってもらっているのは私にとっては都合が良かった。

麻子さんとは付き合いが長い。私のいい部分もそうでない部分もよく理解してくれている。そして私にちゃんと「それってどうなんですか?」「これちゃんとやってくださいよ」と言ってくれる人だ。私が褒められるのが好きなのもちゃんとわかっているので、時々褒めてもくれる貴重な存在。

何より気が合うのだ。本のこと、世の中のこと、暮らしのこと、食べ物のことと話が尽きない。それに私が知らない本や映画、面白い人のことを教えてくれるのでいつも刺激をもらっている。麻子さんが店に居てくれるので私は安心して外に出ていける。いいコンビだと私は思っているのだが、果たして彼女はどう思っているのだろうか。

人に甘えて、助けてもらって

店は木曜日が定休日で月に二回の有給がある。麻子さん優先で休みを取ってもらって、私は取ったり取らなかったりしている。というのも子どもが通う保育園や学校の行事、それにお寺ではお彼岸やお盆の法要があったり、突然家族が病気になることもある。自分の都合とは関係なくいつ何があるかわからない。何かと早引きして麻子さんには迷惑をかけているので、このペースでいいかなと思っている。週末も私は店があるので友人の依子さんが子どもたちをみてくれている。依子さんは古いメリーゴーランドのお客さんで、メリーゴーランド企画の海外ツアーに何度か参加してくれて仲良くなった元保育士さん。私が蓉を産んだ頃に保育士の仕事を定年退職されて、「時間あるからよかったら子どもの面倒見るよ」と声をかけてくれたのがきっかけで随分助けてもらっている。私にとってはお母さん、蓉と攝にとっては三人目のばあばのような存在なのだ。あとは時々三重から私の母の恵子さんが来てくれたり、迅くんが休みのときは二人をみてくれていたり、章子さんにお昼をこしらえてもらったりとみんなにお世話になっている。

私はすぐに人に頼るし甘え上手だと思う。子育ては絶対に一人でなんてできやしない。なるべくいろんな人を巻き込んで甘えて助けてもらって何とか回っていくのだ。それに、子どもにとってもずっと親からの熱い視線を受けていたんじゃあ窮屈だろう。なるべくいろんな人と親のいないところで関わってもらいたいと心から願っているから、蓉が一才、攝は一〇ヶ月というタイミングで保育園に入れるとなった時も迷いはなかった。

ムーミンママの「誰だって秘密の一つや二つ持つ権利があるものよ」というセリフは本当にその通りだと思う。子どもだからといって何でもかんでも親に話す必要なんてないのだ。私は子どもが秘密を持ったとき、そのことをそれとなく感じながら見守れたらいいなと思っている。秘密が人を成長させることだってあると思うから。

よく「仕事をしながら子育てもして大変ね」と言われることがある。けれど私は大変とか頑張っているような感覚があまりない。そもそもバタバタと動き回っているのが好きな質でじっとしていることが苦手なのだ。やるべきことがあってもなくても何かしていないと満足できない。

通勤電車に乗るとか制服に着替えるとか私の一日の中には目に見えてわかりやすいスイッチを切り替えるようなタイミングがないので、仕事も子育ても暮らしも全ては地続きで同じなのだと思っている。

5章

私の店

ギャラリーを始めよう

隣にもう一部屋

二年が過ぎた頃、ギャラリーギャラリーの啓子さんが「事務所に使ってる部屋手放そうと思うんやけど、隣やし借りひん?」と声をかけてくれた。増田さんに伝えると「ええやないか! 借りよ!」と思った通りの二つ返事がかえってきた。

京都の店を出す時に会計士さんからはもちろん反対された。「三年でダメなら閉めなさいよ」と言われていたのだ。なのに新たに部屋をもう一部屋借りると言うのだから会計士さんからは呆れられて「増田さんは僕の言うことを一回も聞いたことがない。どうせ反対したってやりたいようにやるんでしょう。どうぞ好きにしてください」と言われたようだ。

増田さんも私も押すか引くかの状況ではとりあえず「押してみる」ほうを選ぶ。私はもう一部屋借りることへは少しの不安と大きな期待があった。本屋の売り上げが今後大きく伸びることは余程のことがない限り無理だろうと思っていた。増田さんのように私が講演をして即売で本を売るわけでもなし、学校や幼稚園、保育園から大口の注文が入るわけでもなし。

そうなれば本屋を維持するために本以外の何かを売る必要があった。

本は他の物と比べて利率がとても低い。これも本屋としては辛いところだ。例えば「一九〇〇円のTシャツ、高いか安いか?」と問われたら多くの人が「安い」と答えるだろう。では「一九〇〇円の本、高いか安いか?」と問われたら? 物の価値というのはもちろん人それぞれだけれど「本は高い」と思っている人は意外と多いと思う。店でもよく本の値段を見て「本って高いですよねえ。もうちょっと安かったらもっと買えるのに」と言われることがある。本の値段は高いのだろうか? 大切にすれば一〇〇年だって読める。私が読んでいた絵本を子どもが、そして孫が読むことだってあるだろう。破れたページやクレヨンの落書き、表紙に貼ったシールでも、その本がたどった家族の歴史が読み取れる。けれど伸びたりシミがついたりした一九〇〇円のTシャツは、きっとまた新しいものが欲しくなるだろう。本は消耗品ではないのだ。

増田さんも私も新しいスペースに本棚を置く気はなかった。本の売り場が倍になったところで売り上げが倍になるわけではない。それよりもっと他の切り口でのアプローチが必要だった。「ギャラリーを作ろう」と増田さんが言い出した。ギャラリーならいろんな企画をすることもできるだろう。本屋が「待ち」だとしたらギャラリーは「仕掛ける」だ。この二つの部屋が並んであるのはバランスがいいように思えた。

予算もないのでなるべくお金をかけないように改装することになり、ひとまず二箇所の壁を打ち抜いて本屋とギャラリーを繋いだ。ギャラリーになる部屋にも出入口の扉が付いているが、ここは締め切りにして入口は本屋の一箇所にすることにした。展示ができるように壁にベニヤをめぐらし、組立式の棚を設えて小さなギャラリーが誕生した。二〇一〇年一〇月一日のことだった。

初めての展覧会はあべ弘士さんの個展「地球は動物でいっぱいだ」だった。お祝いも兼ねて馴染みのお客さん、初めてのお客さんがたくさん来てくれた。

当たって砕けろ

さて、めでたくギャラリーがオープンしたものの、部屋を空っぽにするわけにはいかない。何しろこの部屋はギャラリーのために作った部屋なので展示が終わり搬出すると部屋は空っぽになってしまう。搬入、搬出を除けばギャラリーがお休みの状態はないので、先に先にと展示を決めていかないといけないのだ。

私は増田さんに「次はどうしますか？」と尋ねるものの、増田さんにだってネタが永遠にあるわけではない。それにお願いする作家さんも初めはお祝いも兼ねてという感じで引き受けてくれるだろうけれど、そればかりをあてにしていても長続きしないと思うようになった。私は本屋を始めたときに嫌という程思い知ったはずなのに、また同じことを繰り返そうとしている自分に気が付いた。やるのは自分なのだ。

半年ほど過ぎた頃から展示の企画は全て私が興味のある作家さんに声をかけて決めていくようになった。

私のモットーは「当たって砕けろ」だ。展示をお願いするときに知り合いを通して話をすることはなるべく避けたいと思っている。誰かの紹介だとその作家さんが特にメリーゴーランドに興味がなかったとしても、忙しくてタイミングが悪かったとしても無理に引き受けてくれることがあるかもしれないからだ。それはきっかけに過ぎないかもしれないけれど、なるべく何のしがらみもなく一から築いて出会いたいという思いがある。なので会ったことのない作家さんにはホームページから連絡先を調べて連絡をすることが多い。考えてもらう時間が取れるように連絡は手紙かメールでするようにしている。こうして当たって砕けることはあるにはあるが、初めての作家さんに話をして本屋の隣にあるギャラリーに興味を持ってくれたり面白がってくれたりすると、本屋をやっていてよかったなと思う。

本屋の隣にあるからなのか「原画展」をするスペースと思われることもよくある。基本、私は原画展にはさほど興味がない。絵本の場合、印刷された絵本が完成形で原画は行程の一つだ。原画がどれだけ素晴らしくても絵本になるには作家の力だけでなく編集、デザイン、印刷、製本とその行程でたくさんの人が関わっているのだから、絵本になった時点で最高であってほしい。それにこの絵本を描いている作家が実は立体造形を作っていたり、タブローを描いていたり、映像を撮っていたりしたら、作家の頭の中を覗くようで、私はそうした創作にこそ興味があるし、お客さんにも紹介したいと思うのだ。

時々京都の展示を見に増田さんや四日市のスタッフが来てくれる。「へえ、こんな作家知らんだわ」とか「なかなか面白いやんか」と言ってもらえるととても嬉しい。たまに「この絵もらうわ」と増田さんが作品を買ってくれることがある。飛び上がって喜ぶ私を見て「身内に売って喜んどるようじゃあまだまだやな」と言いながら満更でもないように見えるのは私だけだろうか。

誰も見なくてもいいから

場所には人をひきつける力があると思う。

ある日、黒縁の眼鏡にキリッと赤い口紅の女性から「このギャラリーで展覧会をしたいのですが、ご相談できますか」と尋ねられた。

彼女は東京から来て、京都で個展のできるギャラリーを探して色々見て回っているところだそうで、ギャラリーギャラリーを訪ね偶然メリーゴーランドのギャラリーを見かけたと言う。うちのギャラリーは九割が企画展だけれど、タイミングが合えばレンタルもしているので見取り図を渡しながらその旨を説明した。

翌年となりゆきさんの初めての個展が開催された。印象的な眼差しの女の子の肖像画が中心の作品だった。関西にさほど知り合いもいないということでお客さんはまばらだった。せっかくなのになんだか申し訳ない気持ちがして、そんなことをとなりさんにポツリと漏らすと、「え？　全然構いませんよ。私、この空間が好きで、ここに自分の作品が並んでいるだけで満足なんです。誰にも見せたくないくらいなんです」と言ったのだ。意外な答えに驚いたけれど、そんな風に作家に思ってもらえるような魅力がこの空間にはあるのかもしれないと感じた瞬間だった。

企画展をやっていると作品があまり売れないときは申し訳なく、自分の力不足を感じずにはいられない。だからと言って売るための企画ばかりをやったとすればたちまち私も麻子さんも面白くなくなって、それはお客さんに伝わるだろう。

「いつ来ても面白い展示をやってるね」と時々声をかけてもらうことがある。そう感じてもらえるようにありたいと願っていることだけは確かである。

二〇一二年、谷川俊太郎展

ギャラリーで谷川俊太郎展をすることになった。

決まったものの、どのような展示をしようかなかなかアイデアが浮かばない。悩んでいると、迅くんが「小さな詩集を作るのはどうか」とアイデアをくれた。

名刺サイズのカードに印刷をした詩集を提案すると、「面白そうだからやってみようよ」と俊太郎さんが言ってくれたので、一歳半の蓉を連れて家族で東京に出かけた。俊太郎さんとの打ち合わせの間、蓉を友人の浅野さんが預かってくれることになった。浅野さんは二人の娘さんが小さい頃、イベントに親子でよく参加してくれた。子どもたちが大きくなった今も気が合い行き来しているのだ。

俊太郎さんの家で話している時、船がゆっくり揺れるような地震があった。部屋に置いてある球体の置物が動いていたので、「あ、地震?」と俊太郎さんに言うと、俊太郎さんは言われて気がついたように、「最近よく揺れるんだよ」と言った。

その日は、浅野さんの吉祥寺の家に泊まり、翌日は千歳烏山に暮らしていた友人夫妻に赤ちゃんが生まれたので、会いに行って、もう一泊しようかと悩んだけれど、結局京都に戻った。

三月一一日、店から帰る途中に八百屋へ寄ると、おじさんが「東北がえらいことになってんで、おっきな地震があったみたいや」と教えてくれた。私たちが東京から戻った翌日のことだった。

展示は俊太郎さんの家にあったガラクタを三〇点ほど提供してもらって、それを展示し、欲しいものがあったらオークションのように、備え付けの用紙に値段を入札してもらうという趣向にした。もちろんガラクタだから新聞屋からもらった景品のシールだとか、壊れたおもちゃの列車だとか、ゼンマイ仕掛けの猿、ノコギリ、ビー玉などなど役に立ちそうなものはほとんどない。普通のオークションならば、一番の高値をつけた人のものになるのだろうけれど、今回は、値段と一緒に「なぜ欲しいのか」を必ず書いてもらうようにした。

入った札を全て俊太郎さんに送って、どの人に譲るかを決めてもらった。これがなかなか面白く、お客さんも俊太郎さんに手紙を書くような気持ちで参加してくれて、そのささやかなやりとりに妙に趣があるのだ。そして俊太郎さんが書き下ろしてくれた「ところで」という七枚のカードに刷られた詩は、どれも東日本大震災を経験し悲しみや傷ついた気持ち、行き場のない怒りなどがひっそりと潜んでいるように感じた。

おにぎりと打ち上げ

いつの頃からか展覧会の打ち上げは我が家でするようになった。子どもたちが小さいので私が夜外に出るのが難しいことも多く、また迅くんに作家さんを紹介したいという思いもあってのことだ。

作家さんが京都に滞在してくれるのは、たいてい搬入の日と初日の二日くらいなので、なるべくいろんな話を聞きたいし、店だけでなく普段の暮らしを見てもらえるとぐっと距離が近くなるような気持ちがする。

それに家でやれば急に人数が増えたりしても何とかなるし、私も家族のご飯を気にしながら外で食べるのは落ち着かないものだから気が楽なのだ。

初めての作家さんには「猫と子どもがいますが、よかったら我が家でご飯どうですか？」と声をかける。たいていの人は面白がって遊びに来てくれるのでありがたい。四年前には長く暮らした東山区の町家から、迅くんの生家である寺に住まいを移したので、さらに声をかけやすくなった。「お寺に暮らしている」と言うと興味を持ってもらえるからだ。

ギャラリーに在廊してもらうときはお客さんが途切れず、作家さんがお昼を食べそびれることがよくあった。街中だし店ならいくらでもあるけれど、ちょっと気の利いたオススメの店というと繁華街過ぎて近所ではなかなか難しい。時間を選ばず手早く食べられるようにといつの頃からかおにぎりを握っていくようになった。ちょっとしたお腹の足しにと二つほど、梅干しとおかかなどのシンプルなものだ。ほんの気持ちで作り出したおにぎりだけれど、喜んでくれる人が多いのが嬉しい。時々返してもらったお弁当箱に小さな手紙やメモが入っていることがある。ささやかな気持ちのやり取りはなんともいいものだ。

最近は打ち上げのご飯とおにぎりを楽しみにして来てくれる作家さんもいてありがたい限りだ。

いい器でありたい

今でこそ料理好きだと言うようになったけれど、もちろん初めの頃は何もできなかった。小学生の頃、夏休みに仕事でいない母に代わって弟たちにお昼ご飯を作っていたけれど、目玉焼きか野菜炒めしか作れないので毎日どちらかになる。大人になってから聞いてみると二人はお昼がいやで仕方なかったらしい。私はといえば友達の家で遊んでいてお昼が近くなると「あ！　そろそろご飯作らなあかんで帰るわ」と言って友達のお母さんに「潤ちゃんは偉いねえ」と言ってもらえるのが嬉しかったことをよく覚えている。

結局、本格的に誰かのために料理をするようになったのは結婚してからだ。実家は夕飯には毎日お味噌汁が出されていたので、当然のように毎食お味噌汁を作ると迅くんから「毎日はちょっと……」と言われて「え？　なんで!?」と驚いたことがあった。

根っからのめんどくさがりなので料理本も都合のいいように読むものだから、想像通りの味になった試しがない。けれど食いしん坊なので美味しいものを食べたり、雑誌で見つけたりするとメモをとる意欲だけはある。けれどこの意欲もあまり長続きせず冷蔵庫のドアや引き出しの中に作ったことのないメモがいくつもあるのだ。今の暮らしは家にお客さんを招くことが多い。美味しい料理の条件はまず第一に素材の良さ。次にどんな器に盛り付けるか、つまり見せ方。そして場の雰囲気だろうと思う。

つまり、味はほどほどであれば良い。どんなに美味しい料理だって重苦しい雰囲気の中でそんなに好きでもない人たちと食べれば味は半減だろう。でも素朴な塩むすびだって山に登って山頂で食べればご馳走である。本も同じだろうと思う。

読書感想文を書かなくてはいけないから気が進まないのに読ませられる本。本屋や図書館で自分で探し出してわくわくしながら手に取る本。たとえ同じ本だったとしても全く違う印象を受けるのではないだろうか。

メリーゴーランドはいい器でありたいと思う。

本が「さあ　面白いから手に取って」と本棚を眺める人たちに語りかけてくるような場所でありたいと思う。

子どもの本を売る仕事

私のブッククラブ

多くの子どもの本専門店がブッククラブをやっている。登録すると年間を通じて年齢に応じた絵本が毎月送られてくるというものだ。絵本をほとんど持っていない、自分で本をあまり買わないというお家にならこのシステムはいいかもしれない。けれど私は、絵本は年齢で選べるものではないと思っている。お店で絵本を選ぶ時も年齢、性別はもちろん兄弟のあるなし、家にたくさん本があるか、絵本好きな人が家族にいるかなどなど、選ぶ上で知りたい情報はたくさんあるのだ。それに赤ちゃんにだって好みはもちろんある。どんな専門家がデータを踏まえて選んだって全ての赤ちゃんや小さな人が気に入ってくれるなんてありえないのだ。

だからこそ本を選ぶのは面白い。私はお客さんとおしゃべりしながら会話の中にヒントがないかと探る。そのうちにピンとくると二、三冊本を見せながら紹介する。その中からお客さんが気に入ってくれるものがあれば万々歳なのだ。

ある日「鈴木さんが選ぶブッククラブってないんですか?」とお客さんに尋ねられた。もし私ができるとすれば年齢別のコースだてをして同じ本を送るものではなく、店頭で紹介するようにお客さんと一緒に本を選べるようなものがやりたいと思った。「自分で読めるような童話を」とか「寝る前に読んであげる本を」とかお客さんの希望は様々だ。そして赤ちゃんの頃から送り続けて「そろそろ自分で選ぶようになってきました」と連絡をもらうとブッククラブの卒業の頃。中には「次は私が読む本をお願いします」とお母さんにバトンタッチする嬉しい出来事もある。本を選んだら、手持ちの本と重ならないか確認のメールをするので、手間もかかるしやり取りに時間がかかってお客さんを待たせてしまうこともよくある。けれど小規模だからできるこのブッククラブはとてもうちらしいと思っているし私はこのやり方が気に入っている。

先日、「職場の同僚が出産したので、みんなから募りました。この予算で続くだけ赤ちゃんに絵本を送ってあげてください」と素敵な依頼を受けた。私は出産したときにお祝いに洋服をいただく機会が多かった。確かに使えるものだし赤ちゃんの服などは何枚あっても困らないだろうと思うのだけれど、あまりに上等すぎてもったいなく大切にしまっているうちにタイミングを逃して着れなくなったものがいくつかあって残念な思いをしたことがある。何よりあの人形に着せるような小さなサイズの服は、見ているだけでもついつい頬が緩むのだから買いたくなる気持ちもよくわかる。洋服となれば一着で二千円、三千円では済まないだろう。けれど、本だとしたら一人二千円で一〇人募れば二万円。これだけあれば十分一年間絵本を送ることができるし、毎月届くなんて特別だ。何より絵本は長く楽しめるのでそれもいい。

親しい友人からブッククラブの申し込みを受けることもよくある。時には作家や編集者など本に関わる仕事をしている人から依頼されることもある。仕事柄普段から本を手に取る機会が多い人たちなのにわざわざうちのブッククラブを取ってくれるというのだから責任重大。そこには私の思いを込めて選ばなければならないので、どうしたって力が入ってしまうのだ。

「知ってはいたし、以前読んだこともあるのだけれどどうして今潤ちゃんがこの本を選んだのかと考えながら読んでみると新しい発見がありました」と言ってもらったらホッとする。読むほうも私が選んだからという思いで読んでくれているのが伝わって嬉しい。本には思いを乗せて送ることができるのだ。

「娘が小学校の図書館から好きな本を自分で選んで借りてくるようになりました。本棚も一杯になってきたし残念だけれどそろそろブッククラブを辞めようかと思います」と二歳の頃から本を送っていた子のお母さんからメールをもらった。大きくなったんだなと嬉しく思うと同時に「ああ、この本もあの本も紹介したかったな」という思いが残る。その子は遠くに住んでいるから数えるほどしか会ったことはないのだけれど、親戚のおばちゃんのような気持ちでいた自分に気がついた。

少しして手紙が届いた。「小さい頃からじゅんさんが選んでくれた本が私の本棚にはたくさんあります。大好きな本に出会わせてくれてありがとう」とくっきりとした鉛筆の文字で書いてあった。

我が子が巣立っていったような気持ちというのはこういうものなのだろうか、「こちらこそありがとう」私は少し泣きそうになって手紙を読み終えた。

「『中学生になるしそろそろブッククラブを辞めようか』と息子に言うと、『え!? なんで辞めやなあかんの?』と言われてちょっとびっくりしたんです」とメールをもらったことがある。その子は本当に本をよく読むし自分で好みの本を選ぶことのできる子だと思っていたので、私のほうも実は「いつまで送らせてもらえるのかな」と考えていたのだ。こんな声を聞くと私は嬉しくて仕方ない。彼は私のことを信頼してくれているのかもしれない。私たちは本で繋がっているのだ。彼のお母さんも素敵な人で私たちは時々ブッククラブのやり取りのメールの中で日々の色んなことをとりとめもなくお喋りすることがあるのだけれど、その会話の中から子どもに対する誠意ある思いを感じるのだ。親は子どもが独り立ちするまでに色んなことを伝えたいと思うだろう。それには様々な方法がある。野生動物ならそれが狩りの仕方だったり、安全な寝ぐらを確保する生き抜くための術なのだろう。

けれど本で伝えたいのは目には見えないものだ。それは薄ぼんやりとした気持ちの揺らぎだったり、人に話さずにはいられないような感動だったりするだろう。それを言葉で話して伝えようとするのはとても難しい。けれど本でなら、すぐには確信できないかもしれないけれど心のどこかにそっと種をまくことはできるのだと、私はブッククラブや店に来てくれるお客さんから教わったのだ。

どうやって本を仕入れるか

配本というシステムがある。本の流通というのは一般的に出版社が出した本を取次という本の問屋に卸し、その本を取次が全国の書店に振り分け、書店は送られてきた本を毎朝店頭に並べる。今はいろんな本の仕入れ方ができるようになったのでこれに限らないが、一般的な書店にはほぼ配本があると思う。

大型書店に勤めていた知り合いから一日中返品作業をしていると聞いたことがある。出版社は、せっかく刊行した本を全国に向けて出荷したのに、そのうちの何割かは必ず返品されてくるのを見込んでいるとしたら？　その本を運ぶのも、仕分けるのも、店頭に並べるのも、返品作業をしてまた出版社の倉庫に運ぶのも、そして痛んだカバーを外してまた新しいカバーをかけ直してまた出荷するのも全て無駄なことのような気がしてならない。

それに注文を出していても小さな書店で売り上げ実績があまりないという理由で注文数を減数されることもよくあるのだ。売りたい本がうちには一冊しか入ってこないのに他の書店には平積みされているということはよくある。出版社に抗議しても出版社にも在庫がなければどうしようもないわけで、とても悔しい思いをする。

さて、メリーゴーランド京都は配本を断っているので注文しない限り本の入荷がない。配本がないというのはそういうことなのだ。店に並べたい本だけを仕入れるので、返品もほとんどない。これは真っ当なことだと思う。

こんな風に言うとかっこいいのだけれど新刊の入荷を逃すのもうちの常であって、時々お客さんに「あの本入ってる？　ジュンク堂にはもう並んでたよ」と教えてもらって慌てて注文することもよくある。

児童書の勉強会

メリーゴーランドが京都にできたときにジュンク堂四条店（二〇二〇年三月末閉店）の児童書担当の高木須恵子《すえこ》さんに挨拶に行った。高木さんは新しいジュンク堂の店舗ができると児童書の棚を作りに出かけるベテランで、お客さんからも出版社からもとても信頼されている書店員さんだ。その大先輩の高木さんが京都に子どもの本専門店ができることをとても喜んでくれて、「せっかくやからいろんな書店の児童書担当に声をかけて勉強会をせえへん？」と提案してくれた。

関西の大型書店の書店員さんと営業で関西に来ていた出版社の営業さんが集まって、月に一回メリーゴーランドの営業が終わる一九時から「ミテミーナ」と名付けた勉強会を始めた。毎月「赤ちゃん絵本」「季節の絵本」などテーマを決めてそれぞれが本を持ち寄り、実際に読みながらあれこれ好きなことを言い合うざっくばらんな会だった。

みんな本が大好きだけれど、当然好みはそれぞれだ。だからこそ私なら絶対選ばない本を紹介してもらって新しい魅力を教えてもらうことも多々ある。いくら配本があるといっても売り場を作るのは人だ。好きで勧めたい本にはどうしたって力が入る。それがポップなのか並べ方なのかは様々だろうけれど、愛情を持って接している本にはお客さんも惹きつけられるだろう。

店舗を超えての繋がりが珍しかったらしく。この試みは新聞に取り上げてもらったり、出版社の間でも話題になったりした。普段は聞くことのできない他の書店員さんの話を聞きながら、私は本屋だけれど「子どもの本専門店」でしか働いたことがないので、一般書店がどういうところか全く知らないのだということに気付いた。店の取材をしてもらうと「好きな本だけ並べています」とか「いい本を売りたい」と話すことがあるけれど、これも専門店という看板を掲げ、お客さんに恵まれているからこそなのではないだろうかと時々考える。世界は広いのだ。大型書店で働いている人の中には書店員だから本が好きな人ばかりではないだろうし、ましてや児童書という特殊な分野に実用書担当だった人がある日突然異動になって苦労しているという話も聞いたことがある。「ミテミーナ」は井の中の蛙だった私にとって刺激的な場所であった。

専門家ではなく

私なんかよりもずっと読書家で、本を愛しているお客さんはたくさんいる。そんな人に「先週来たときと棚が全然違いますね！　どうして？」と尋ねられたことがあった。正直それほど変わってないはずである。うちは積極的にフェアを組むこともないし、テーマを絞って棚を作ることもない。今の並びは自然とこうなってできたものなのだ。違っているのはその人の「目」だと思う。自分の好奇心の赴くまま本棚を眺めそれを楽しむことのできる人だからこそそう感じてもらえるのではないだろうか。

お客さんとの話の中で教えてもらう本もたくさんある。教えてもらって読んでみたらとても気に入ってそれ以来店の定番になった本だって何冊もある。専門店だからといって全ての絵本を把握しているわけではちっともなくて、そこには大きな偏りがある。けれど心が動かされないものを無理に知識として知ろうとは思わないし、そんな時間はないのだ。広い知識を持っているのも専門家かもしれないけれど、一つの世界を深く感じ伝えることができるのも専門家ではないだろうか。私は専門家ではなくて本がただ好きな本屋になりたいと思っている。

自分の足で歩いていく

出たとこ勝負、私の講演

私は本の話をするのが大好きだ。それは友達とお茶を飲みながらでも、保育園にお迎えに行った先での立ち話でも。店でお客さんと話すのはもちろんだし、講演を頼まれればどこまででも行って話したい気持ちがいつもある。何か大切なものを誰かに伝えたいという思いもあるがそれ以上にただただ本の話をするのが好きなのだと思う。

特に子どもと本の話になると気付けば前のめりになっていて、時として自分の言葉に感動さえするのだから呆れたものだ。

店でお客さんに『花になった子どもたち』（ジャネット・テーラー・ライル・作　市川里美・絵　多賀京子・訳／福音館書店）という本を紹介していた時のこと、子どもとの関係に悩んでいる様子のその方の気持ちと本の内容があまりにもリンクして、話しながらお互いに涙声になっていたことがあった。気持ちが溢れてもうこれ以上話せないなと思っていると、その人は「今日ここに来てよかったです。この本を家に帰って読みます」と言ってくれた。『おじいちゃんがおばけになったわけ』（キム・フォップス・オーカソン・作　エヴァ・エリクソン・絵　菱木晃子・訳／あすなろ書房）を紹介するときも言葉に詰まってしまうことがある。そんなとき、お客さんと私の間にはもう言葉なんていらなくて、あとは本が伝えてくれるのだから私は安心して本に託すことができる。

本は決して特効薬ではない。けれど行き場のない思いやどうしようもない悲しみ、何だか落ち込んでしまっている状況を少しだけ方向転換するきっかけをもらえたりするのだ。

私にとって本の話をするのは、一人の人に話すのも五〇人の大人に話すのも一〇〇人の子どもに話すのも同じことだ。講演会でも「ただただ惹かれて、どうしようもなく好き」という話をいろんな本を紹介しながら、お客さんや子どもたちとのエピソードを交えつつ同じことを繰り返し言っているだけなのだと思う。話したいこと、伝えたいことは体に収まっているから、身振り手振りで話している。写真や黒板やパワーポイントなど小道具は何もいらない。声が届かない規模であればマイク。興奮しすぎて喉がカラカラになるのでお水。あとは紹介したい本があればどこででもどんな状況でも話はできると思っている。

その日、その場に集まってくれた人たちの顔や様子をみて「今日はこっちかな？　この話のほうが面白いと思ってもらえるかな？」と探り探り進めていくので当然レジュメなんて作れっこないし、演題も「子どもと本」でも「絵本の楽しみ方」でも何でもいいのだ。参加してくれた人がよく笑い、少しの希望を持ち、本が読みたい気持ちになって帰ってもらえるような話がしたい。

このぶっつけ本番的、出たとこ勝負のようなスタイルは増田さんにそっくりだ。四日市にいた頃は長年増田さんの講演の担当をしていたので増田さんの話は世界一聞いている。増田さんの話はまさにライブで、お客さんが集中して話に引き込まれてくると増田さんもどんどんと調子が乗ってきて話はますます面白くなるのだけれど、その逆も然り。誤解を恐れずにいえば増田さんはおだてればどこまでも高く登っていくタイプで、そんなところも私は増田さんにそっくりなのだ。お客さんが作り出す会場の雰囲気が話し手から話を引き出すのを目の当たりに感じてきたので、その怖さも面白さも私の中に染み込んでいる。だからこそ人の前で話をするのはどんなときでも真剣勝負で面白い。

一つだけ気にかけていることがある。会場に小さな人を連れてきた人がいたらなるべく子どもとお母さんに声をかけるようにすること。寝ていれば別だけれど、小さな子が大人の話にじっと耳を傾けてくれるはずもなく、退屈して動いたり声を出したりするのは自然なこと。託児を設けている講演会もあるけれどそれでも小さな赤ちゃんはお母さんが抱っこしている。もしぐずったらどうしようとお母さんは気が気でないから話にもちろん集中できない。そんな事は十分承知の上でそれでも聞きたいと思って参加してくれているのだ。そんな気持ちを少しでも和らげることができたら、赤ちゃん、小さな人、そして大人、誰でもどうぞという気持ちで話しているのでその思いをさり気なく伝えたいと思っている。前で話している人がもしマイクで「静かにしてください」と言えば会場にいる人は自然とそう思うだろうし「小さな子と一緒に来てくれてありがとう」と言えばその言葉は自然と会場に伝わっていくだろう。

時々主催者の人からお客さんの感想が送られてくることがある。それを読むのがとても好きなのだが、中に「関西弁で話すのが面白くて笑いすぎたのであまり内容を覚えていません。次はしっかり内容を聞きたいと思います」なんていうのがあると思わずガッツポーズをしてしまうのだ。

増田さん曰く、「自分の喋りの師匠は今江祥智さん」であるらしい。その今江さんの師匠は桑原武夫さんである。桑原さんの師匠ももちろん存在するだろう。もちろん読んだ本や出会った人など計り知れない物事から影響を受けているのは間違いない。噺家の世界ではないので弟子入りなどないのだけれど「師匠」が存在するのだとしたら、その内に秘める思いを言葉で伝えたいという思いが脈々と続いているのだとしたら、私もその流れを少しでも引き継いでいたいと願う。

あれから一〇年

メリーゴーランドが一〇周年を迎えた二〇一七年、記念のイベントとして谷川俊太郎さんと江國香織さんの講演を企画した。お二人ともお付き合いは長く、いつかは京都にお呼びしたいと思っていたので念願叶ったのだ。普段なら増田さんが司会をするところを「私にやらせてほしい」と無理を言った。徳正寺の本堂を借り、お客さんは方々から集まってくれて満席となった。

初めにお一人ずつ話をしてもらい、最後は私が司会をしながら三人で壇上に上がった。私は常日頃、これからの子どもの本はどこに向かって行くのだろうかと期待と不安を持っているのでそこをぜひお二人の言葉で聞いてみたかった。

なんとか言葉を引き出したいと前のめりになっている私に江國さんは柔らかに対応してくれたのだが、ふと俊太郎さんを見るととても眠そうな顔をしている。私は江國さんの言葉に頷きながら俊太郎さんが気になって目が離せないでいると、ついにうつらうつらとしてきた。これではいけないと俊太郎さんに聞いてみたかった質問を投げかける私に「あのさ、もっと目の覚めるような質問ないの？　退屈で寝そうになっちゃうじゃない」と俊太郎さんは言ったのだ。これには参った。焦った私はそれからどうやってその場を繕ったのか記憶にないのだが、散々だったことだろうと思う。

やっと一〇年だ。たくさんの人に支えられながらの一〇年だった。店を始めた頃、知り合いから不意に「何年続けるつもりなん？」と問われたことがある。とっさに「二〇年」と答えると「本気なんやね。だったら応援するわ」とその人は言ったのだが、あれからもう一〇年も経ってしまったのだ。

まだやっと歩き出したばかりの店なのだからもっともっと続けなくてはいけないという思いが湧いてくる。店を始めた頃、お母さんに抱っこされて来ていたまなちゃんは今年で十二歳。あと一〇年も経てば大人になる。その頃も相変わらずメリーゴーランドはここにありたいと切に願っている。

メリーゴーランドと作家たち

今江祥智、灰谷健次郎、長新太、河合隼雄、田島征三、田島征彦、谷川俊太郎、宇野亞喜良、工藤直子、江國香織、あべ弘士、飯野和好、荒井良二、清水眞砂子……書ききれない程の作家たちとメリーゴーランドは縁があり、その縁は全て増田さんが繋いできたものだ。

私がメリーゴーランドで働き出した頃、二〇周年のお祝いがあり、それはそれは錚々たるメンバーがメリーゴーランドのホールに集ったのを覚えている。その頃のメリーゴーランドは既に増田さんとそれまでのスタッフが培ってきた土壌の上にあった。なので増田さんの『子どもの本屋、全力投球!』にあるような「お客さんが来なくて本が一冊も売れない」や「電気代がもったいないので店の外で子どもたちに見張りをさせて『お客さんが来たで!』と言われて電気を点ける」なんて状況からは脱していた。もちろん相変わらずの売れた分だけ支払いで出て行く状況にさほど変わりはなかったけれど、それでも開店当初二人で始めたメリーゴーランドはスタッフの数が一〇人以上になっていたし、本屋に加え雑貨、喫茶、企画、あそびじゅつと部門も随分と増えて、スタッフはそれぞれやりたいことを仕事にしていたのだ。

言葉では言い尽くせないほどの苦労をしてきた代わりに一番面白いときをたっぷりと過ごしてきたのはもちろん増田さんだ。私は数々の作家との出会った頃の話や数え切れないドタバタの苦労話を聞くたびにそれが羨ましくて仕方なかった。

京都でもギャラリーを始めた頃、増田さんに「次の展覧会どうしたらいいですか?」などと尋ねていたのだけれど、いつまでも頼っていてはだめだということがすぐにわかり、自分で企画をするようになった。結局のところ本と同じでその場にいる人が興味を持っている企画でないとお客さんには伝わらないのだ。そうなるとアンテナは常に張っていなければならない。ちょっと面白そうと、気になる作家はチェックをして忘れないように手帳にメモを取るようになった。ひょんなことからご縁が繋がることもあるし、手紙を書いたりメールを送ったりして展示の依頼をすることも多くある。送ったものに全て返事が来るわけではないのだけれど時々心躍るような出来事が起こることがある。

『シロクマたちのダンス』(偕成社)を初めて読んだのは二〇年以上前のことだ。ウルフ・スタルクの文章(菱木晃子・訳)はもちろん魅力的なのだが、私は堀川理万子さんの挿絵にとても惹かれた。『くまって、いいにおい』や『きつねのスケート』(共にゆもとかずみ・作/

（徳間書店）など理万子さんの挿絵の本はどれもとても面白いのだ。いつの間にか私のお気に入りの作家になっていた。ギャラリーを始めて自分で作家に依頼ができる立場になって「理万子さんに、やっと手紙が書ける」と思い筆をとった。

しばらくして店のポストに請求書の茶封筒に混じって目の覚めるようなピンク色の封筒が届いた。差出人の堀川理万子の名を見て私は腰を抜かすほど驚いた。それから何度もやり取りを繰り返し、念願の理万子さんの展覧会が開催されることになった。

理万子さんはバラの花のような人。深紅の口紅がとても似合って美しくとってもチャーミングなのだが鋭い棘もちゃんとあるのだ。仲良くしてもらっているのだけれど一度私が痛恨のミスをしたことがあった。そのとき理万子さんからそれはそれは厳しく指摘され、お叱りを受けた。私の不注意のせいで大切な作家さんを困らせ嫌な思いをさせてしまったことに私は深く落ち込み反省したけれど、同時にギャラリーをやっていく覚悟のようなものを自覚した出来事だった。ふわふわと面白いことにばかり興味そそられていた私の中に一本の杭を打ち込まれたような気持ちがしたのだ。人を叱るのは叱られた人の何倍もの労力と気力がいることだ。そんな思いを私に注いでくれたことを私は絶対に忘れないし、大切にしていかなくてはならないのだ。

東日本大震災の後、世界中の絵本作家たちが集まり子どもたちに向けて、「手から手へ展」という展覧会が開催された。京都でも巡回展が開催され、私も出かけていった。たくさんの作家が描いた未来の子どもたちへの想いを込めた作品が並んでいる中で、一点の絵から目が離せなくなった。作者はこがしわかおりさん。早速名前をメモして調べてみると絵本よりも挿絵の仕事が多い作家さんだった。この人の作品をもっと見てみたいと強く思い、ホームページを見るととても控えめにメールが送れるようになっていた。ちゃんと届くかな？　と少し心配だったけれどそこから連絡をとってみた。数日後返事が届いた。「個展などしたことのない自分に展覧会の依頼だなんて、そんな話あるわけがない。これは新手の詐欺なのかもしれない」とメールを受け取ってから悩んでいたというのだ。これには私のほうが驚いて慌てて返事をした。ほどなくして、こがしわさんはメリーゴーランドと私のことを確かめるべく京都に来たついでに店を訪ねてくれたのだった。

まっすぐまっすぐ

京都の店を始めたとき「自分の足で歩いていくのだ」と覚悟のようなものがあった。

これからは「増田さんのところのスタッフ」ではなく「メリーゴーランド京都の鈴木潤」なのだ。だからこそ新しいことができるかもしれないし、困難なこともあるだろう。けれどそれでいいのだ。なんとも清々しい気持ちでいたことをよく覚えている。

初めて原稿依頼をもらったときもとても嬉しかった。私の初めての連載は子ども服ファッションの雑誌『sesame』（朝日新聞出版）で、子育ての小さなコラムと一緒に絵本を二冊紹介するというもの。毎回とても苦労して何とか締め切りに間に合うように四苦八苦していた。

店を始めほどなくして何か発信しなければと思いブログを始めた。ただオススメの本を紹介するだけでは面白くないので日々のなんてことのないエピソードを綴って、そのエピソードにリンクするような内容の絵本を一冊紹介するのだ。日々の中のふとした出来事を忘れないようにメモをして絵本につなげていく作業はとても面白いものだった。

ある日友人のライターで編集者のみーやんこと宮下亜紀さんがひょっこり店に来て「あんたのブログさかのぼって読み出したらめっちゃおもしろかったわ。本にしたらええんちゃう」と言うのだ。この一言をきっかけに私の初の著作『絵本といっしょにまっすぐまっすぐ』（二〇一六年、アノニマ・スタジオ）が生まれたのだからみーやんには本当に感謝している。

表紙のイラストやデザイン、帯の文章をどうするかという話になった。本を作る作業はまるで扉をどんな雰囲気のものにする？　壁は？　屋根は？　と家を作っていくような楽しみがあった。装画は友人でもあり大好きな画家でもある西淑さんにお願いした。そして帯の文章は是非とも谷川俊太郎さんに書いてもらいたいと思い俊太郎さんに電話をかけた。用件を伝えると俊太郎さんは「わかった。読んでみて面白かったら書くよ」と言ってくれたのだ。

出版社からゲラを送ってもらってしばらくすると、いくつも文章が書かれたFAXが届いた。慌てて電話をかけると俊太郎さんに「どれでも好きなの使って。切って繋げてもいいし」ともったいないことをさらりと言われた。私は全部使いたい思いだったのだが、とても収まらないのでそこは冷静にアノニマ・スタジオの村上さんにお任せをした。

本が無事に刊行され、アノニマ・スタジオ主催のブックイベント「ブックマーケット」でトークをすることになった。「対談したい人はいませんか？」と言われ真っ先に浮かんだのは五味太郎さんだった。初めての著作が出るなんて一生に一度のことなのだから、ここぞとばかりにやりたい放題だ。五味さんに電話をすると「なんで潤と人前で話さなきゃなんないんだよ」と言いつつも快く引き受けてくれた。

当日会場には長年のメリーゴーランドのお客さんを始め、友人や作家や編集者とかなり豪華な顔ぶれが集まった。その後も翻訳家の小宮由さんや料理家の高山なおみさんと対談をする機会があり、私にとっては新しい出会い、夢のような出会いを本が繋いでくれたのだ。

本を出したことでまた一つ世界が広がったことは間違いなかった。「出版おめでとう。この本がこれから潤ちゃんをもっと新しい世界に連れていってくれるね」。友人からもらった言葉は今でも大切に私の中に残っている。

攝と撮影

ある日編集者の佐川祥子さんから「高山なおみさんと新しい絵本を作る企画があるのだけれど、攝くん手伝ってくれないかな」と連絡をもらった。攝は五歳の頃から料理に興味津々で、私が夕飯の支度を始めるといそいそとやってきては、「せっちゃんのぺしぇしゃる(スペシャル)つくる」と台所を奪うのだ。

初めこそその意欲を役に立つように育てようと思ったのだが、なんせ好きにやりたい盛り。「じゅんちゃんはあっちいっといて」とあしらわれる。早く夕飯の支度をしたい私はイライラしながら攝の気がすむまで手も足も出せなくなるのだ。

攝と二人で六甲のなおみさんの家に伺ったのは夏の日差しがきつく暑い日のことだった。東京からは佐川さん、カメラマンの長野陽一さん、そしてデザイナーの寄藤文平さん。攝はなおみさんと二人でおにぎりをたくさん握った。

長野さんが撮った写真をその場で寄藤さんが確認して撮影は進められた。攝は「せっちゃん、もう一回お願い」と何度も言われ、最後には「もう二度とせえへんからな、おぼえときや」と言い放っていた。私は攝がへそを曲げたりすねたりして撮影が無事に終わらなかったらどうしようとそればかり気になり、撮影が終わる頃にはへとへとになっていたが一冊の絵本が作り出される現場に居合わせることができて感慨深いものがあった。

店が繋げる縁

絵本や子どもの本に今まで縁がなかった作家さんには、メリーゴーランドでの展示をきっかけに子どもを意識したり子どもの本と何かご縁ができたりすればいいなと思って依頼をすることが多い。

本屋の壁面ではなく、ギャラリーは部屋として独立しているけれど、本屋とギャラリーの入口は一つだ。だから小さな子を連れた人がふらりと立ち寄ることもよくある。よそのギャラリーに比べれば子どものお客さんは多いと思う。だからといって「子ども向けに」とは全く考えていない。時々初めて展示をしてくれる作家さんから、「子ども向けの内容にしたほうがいいですか？」と尋ねられることがあるのだが決してそうではなく「今興味があってやりたいことを展示してほしい」と伝えるようにしている。誰かが本気で向き合った作品や心から面白がって作ったものは子どもも大人関係なくきっと言葉以上に伝わる何かがあるし、子どもはそういうものを自然と感じるのではないかと思うのだ。

「絵を買うなんて初めてです。でもどうしても部屋に飾りたいと思った」とバイトしたお金で学生さんが今井麗の作品を買ってくれたことがある。「もうすぐ生まれる子どもに贈ります」と夫婦がミロコマチコのモノクロの大きな動物の絵を。「ドイツで古本屋をしているので店に飾ります」と林哲夫の油彩のぶどうの絵を。「子どもの入院を控えていて気分が落ち込んでいたけれどこの絵を見ていたら今の私たち家族を励ましてくれているようで」と mogu takahashi の絵を。「もうすぐ赤ちゃんが生まれて引っ越しもするので新しい暮らしに」と shunshun の掛け軸を。京都旅行の途中にふらりと店に立ち寄ってくれたアメリカ人の夫婦が「玄関に飾るわ」と堀川理万子の木彫作品を。福島に暮らしている方が「家族写真を飾る額をずっと探していてやっと巡り会えました」と工房イサドの額を。「今日私の誕生日なんです」と偶然展覧会に立ち寄ってくれた女性が平澤まりこの銅版を。「店に飾ると空気が変わるんですよ」と京都の老舗の茶舗が松林誠の版画を。「遠くに連れて行ってくれる気持ちがする」と石川直樹のプリントを。「離れがたくなって、部屋に飾ります」と浮田要三の絵を。ギャラリーでは展覧会ごとに意外な出会いや不思議な巡り合わせがあるのでそばで見ていて本当に面白いのだ。

こうして思い返すだけでも何とたくさんの作品がそれぞれの場所に旅立っていったことか。お目当ての作家の作品を目指して来てくれるお客さんももちろん嬉しい。けれどふらりと立ち寄って思いがけず出会ってしまった瞬間に立ち会うと何とも言えない気持ちがするものなのだ。

展覧会打ち上げは我が家でご飯を食べることが多いので、二年に一度のペースやもう少しゆっくりのペースで展覧会をしてもらっている作家さんとは自然と家族ぐるみの付き合いになる。去年生まれたばかりだった子がもう歩いて一人前に話すようになっていたり、小さな子どもだったのにぐっと背が伸びて少年のようになっていたりとお互いの子どもの成長を喜んだりできるのもありがたい。

こんな風に作家との出会いは偶然だったり必然だったり。けれど店も私も年を重ねるにつれ少しずつでも広がって深まっていければこんな幸せなことはないと思っている。まさに店が繋げてくれた縁なのだ。ギャラリーを始めてもうすぐ一〇年を迎える。あんなに羨ましいと思っていた増田さんとたくさんの作家さんたちとの話に私も少しは混ぜてもらえるようになっているだろうかと時々考える。

あいかわらず日記

○月○日

雨でお客さんが少ない。なんとなく棚や引き出しの整理を始める。店に並べたい本がたくさんありすぎて仕入れるけれど棚に収まりきらない。店の本棚の下は引き出しになっていて数少ない在庫置場となっている。今日も引き出しはパンパンだ。

時々鼻の利くお客さんがおもむろに引き出しを開けたりする。見られても構わないのだけれどそのたびにドキドキする。

○月○日

「これかしてください」四歳くらいの子が選んだ本をカウンターに持ってきた。お母さんが慌てて「ここは図書館じゃなくて本屋さんやからお金払わへんとあかんのよ」と言って聞かせる。この子にとっては本がたくさんある場所は図書館なのだ。ちょっと嬉しかった。

○月○日

「じゅんちゃーん！　いまなんじー？」私は普段は夕方までの勤務なのだが、麻子さんがお休みの時は七時まで店番をする。保育園の帰りにメリーゴーランドが入っているビルの裏通りから五階に向かって叫ぶのが攝の日課になっている。

お客さんが店にいないときは窓を開けて「おかえりー五時やにー」と叫ぶのだが誰かいたらそうもいかず、窓を開けて手を振るだけにしているのだが、私から返事がないとずっと「いまなんじー？」と叫んでいる。そんな時は迅くんが察して連れて行ってくれたらいいのにと思ってしまう。けれどもうすぐ卒園なのだからこんなやりとりも今だけ。

○月○日

テレビ朝日の「ビーバップ！ハイヒール」の収録。「大人のための絵本ワールド」四回目。このテーマは毎回好評らしく、ここのところ毎年声がかかる。家にはテレビがないのでゲストのタレントさんなどちっともわからずいつも張り合いないことしてるなと思う。

放映後紹介した絵本が好調らしく知り合いの編集者から、「紹介してくれてありがとう」と連絡が入る。店は相変わらず静かで何も起こらず。紹介した本の問い合わせもない。飲食店なら翌日は行列ができるらしいのだが本は店に行かずともネットで買えるからなと残念に思う。

○月○日

幻の名作『レナレナ』が出版社を替えて復刊された。もうこのまま世に出ることはないだろうと思っていただけに古本で出会うと必ず求めていた私のお気に入りだ。朔北社の方が『絵本といっしょにまっすぐますっすぐ』で紹介していたのを読んでくださっていて、「作者のハリエット・ヴァン・レークさんが来日していて京都に行くのでお店を紹介したから寄ってくださるかもしれない」と連絡をくれた。

店を訪ねてくれたハリエットさんはレナレナのようにチャーミングで素敵な女性だった。復刊も夢のようだがハリエットさんに会えたなんてさらに夢のようで大興奮してしまった。二〇年前の私に自慢したい。

○月○日

『日本人はなぜキツネにだまされなくなったのか』(内山節/講談社現代新書)、『大人になるっておもしろい?』(清水眞砂子/岩波ジュニア新書)、『きみが選んだ死刑のスイッチ』(森達也/イースト・プレス)、『食べるとはどういうことか』(藤原辰史/農文協)。ここ半年で自分の価値観やら概念やらをぶち壊されたりゆるぎなくされたりする本に出会っている。一二月に清水眞砂子さん、来年には藤原辰史さん、いつの日か内山節さんの講演会を開きたいと思っている。

○月○日

小学校からブックトークの依頼をいただき出かける。全校生徒一三〇名と地域のみなさんそして先生がずらりと体育館に集合。

私は珍しく緊張して何を話せばいいのかと依頼をもらってからずっとぐるぐる考えていた。なんといっても六歳から大人までが一堂に会しているのだ。子ども達に伝えたいことがあれもこれもと出てくるけれどあまり欲張ってもいけないだろう。結局『わたし』（谷川俊太郎・文　長新太・絵／福音館書店）を導入にして、「物事は一方向から見て良い、悪い、正しい、正しくないは決められないのだよ」という話題を糸口に、気がつけばあっという間に終了時間。まだまだ入口の感じで「続きはまたいつか」となってしまって反省。先生から「こんなに本の紹介をしないブックトークもあるんですね」と言われる。

○月○日

四日市出張。絵本塾の講師に年に二回程呼んでもらうのが楽しみ。ここぞとばかりに会いたい友人に連絡。今回はラッキーなことに坂倉加代子さんとお昼を食べてお茶を飲むことができた。

二人とも話したいことがありすぎるのでたまに会うといつもあっという間に時間が過ぎる。加代子さんは人生の大先輩でもありお母さんのようでもある大切な人。四日市にいた頃はしょっちゅう一緒にいたけれど、こうして離れていてもお互い会えなかった時間に発見したことや興味のあることを報告するのがたまらなく楽しい。

加代子さんは「潤ちゃんに会うと読みたい本がまた増えるわ」と言いながら手帳にメモしていた。

○月○日

友人の井崎敦子さんが食事会に誘ってくれて出かける。慌てて家を出たので携帯を忘れて降りるバス停さえも怪しいことに気づき焦る。会場まで予想通り迷いに迷う。お腹も空いて行き倒れる自分の姿が目に浮かび出す頃に奇跡が起こり会場に到着。

スウィングの木ノ戸《きのと》昌幸《まさゆき》さん、市民環境研究所の石田紀郎《のりお》さん、ヘルプの宗接元信《むねつぐもとのぶ》さんとピースフラッグのメンバー。話が尽きずにあっという間にお開き。世代を超えて語り合える仕事や生き方の話はどれだけ聞いても面白くって仕方ない。

○月○日

お寺の報恩講。報恩講は数ある行事の中でも準備することが多く緊張するけれどお飾り（普段は出さない仏具を蔵から運び出し、お軸を掛けたり幕を張ったりする）は特別綺麗で大好きだ。子どもたちにももっとお磨きなどの準備を手伝ってもらいたいのにいつもはぐらかされる。

準備を終えた頃、店から電話があって話しているとそれを聞いていた章子さんに「こうして電話で話してるんを聞いてるともうすっかり京都の女の人やなぁ。来た頃は三重の言葉やったのになぁ」と言われる。半分嬉しくて半分複雑。三重の言葉は使い続けて子ども達の耳にも慣らしたいと思っているんやに。

○月○日

作家のおくはらゆめさんから手紙が届いた。なんと小学館児童出版文化賞に選ばれたそうで、小冊子にお祝いの言葉を書いてほしいという依頼だった。張り切ってすぐに書く。私はこういう仕事は早い。最新刊の『よるのまんなか』(理論社)もとてもとても良かった。中に収録されている「よるのまんなか　れいぞうこ」は『母の友』で読んで感激したのでこうして本になって嬉しい。

○月○日

セルビアに暮らす詩人の山崎《やまさき》佳代子さんを囲んで食事会。磯田道史さんご夫婦と子ども達、ほしよりこさん、村松美賀子《みかこ》さんと普段は忙しくてなかなか集まれない人が来てくれる。七輪で秋刀魚やお肉を焼く。炭で焼くとなんでもご馳走になる。迅くんの従妹の香貫花《かぬか》ちゃんに勧められて七輪を買って本当に良かった。等さんが子ども達にたこ焼きを焼いてくれてこれも大人気だった。

みんなの話を聞きたいのに人数が多いとそうもいかず、子ども達からは「野球の相手」を要求され、なかなか話の中に入れなかったのが残念。こういうときに動かなければならない立場は不利だ。「お尻に座布団がくっついて離れないのよー悪いね！」とかならんもんかな。

それにしても人が集まって美味しいものを食べ、飲み、語る。これ以上の楽しみなんてないのではないかと思う。

○月○日

夕飯の準備ができて「ご飯やにーあったかいうちに食べやー」と子どもたちに声をかけると攝に「あんな、『あったかいうちにたべやー』っていうのやめてくれへん？　せっちゃんにはあつすぎるねん」と言われ深く納得してしまう。

○月○日

「今年もここに来れて良かったわ」聞けばこのご夫婦は毎年の京都旅行の折にメリーゴーランドに寄ってくれてお孫さんのお土産を選んでくれていると言う。「去年勧めてもらった本がすごくよかったのよ」と言われてとても嬉しい。今年も何冊かお勧めを紹介した。中学一年生になるお孫さんに選んだのは『まつりちゃん』（岩瀬成子／理論社）だった。

○月○日

ブッククラブの本を選ぶ。私は「選ぶ」作業がとても好きなので、ブッククラブは月に一度の私のお楽しみでもある。

○月○日

出版社の営業さんが来る。いつもうちに来てくれる営業さんは評論社、偕成社、福音館書店の三社くらいだ。新刊のゲラを見せてもらい毎度のごとく好き勝手な感想を言っていると、「それ、高木さんにも同じこと言われました」と言われる。うちに来る前にジュンク堂に寄ってきたのだな。私も高木さんも感想を求められたら容赦ないので、私が営業だったら京都は外してもらいたいと思うだろう。

○月○日

「あいさつができるようになる絵本ありませんか?」お客さんに声をかけられた。私はそんな都合のいい絵本はないことを知っている。けれどせっかく相談してくれたお客さんに「そんな本ありませんよ」なんて絶対に言わない。これは本屋の意地だ。

なるべく丁寧に伝えたいことを整理して話す。「あいさつができる」とか「トイレトレーニングが上手くいく」とか「お友達と仲良くできる」などなど悩める大人心をそそる絵本はたくさん出ていること。でもそういった本は私の考える絵本ではないこと。などなどなるべく押し付けにならないように、お客さんの気持ちを考えながら話す。

私が紹介したのは『そんなときなんていう?』(セシル・ジョスリン・文　モーリス・センダック・絵　谷川俊太郎・訳/岩波書店)、麻子さんが紹介したのは『カジパンちゃんちは何屋さん?』

（きたやまようこ／偕成社）だった。「面白そう！」と言ってお客さんは二冊とも買ってくださった。

○月○日

「やっとお会いできました！」入ってくるなり、お客さんが言うので私はまたどこかで何かやらかしたかとドキドキした。けれどお客さんはニコニコしていたので、どうやら悪いことではないらしい。

聞けば二三年前、四日市のメリーゴーランドでのこと。まだ二歳にならない娘さんが転んで切り株の椅子の角におでこをぶつけた。おでこだったものだから血がたくさん出て店は大騒ぎになった。そのとき私がすぐにお母さんと子どもたち（転んだ子は三人目のお子さんでお母さんのお腹には四人目がいた）を車に乗っけて近くのお医者さんに連れて行ったそうなのだ。

「この子のおでこには今でも傷があるんですよ。あの日から鈴木さんを雑誌などで見るたびに娘に『この人があなたの命の恩人』と言い続けているんです」とそれはそれは衝撃のエピソードを話してくれた。

昨日は二五歳のお誕生日だったそうで、とても綺麗な娘さんが笑顔で写っている写真を見せてもらった。「立派になられて！」と言いながら「それ、本当に私でしたか？」と思わず尋ねた。お客さんは「間違いありません！」と言ってくれたけれど、微塵も覚えていない自分にひたすら呆れてしまった。隣で一部始終を見ていた麻子さんに「すっかり忘れちゃってるところなんて、いかにも潤さんですね」と言われた。

○月○日

小学館児童出版文化賞の授賞式に参加するため久しぶりに東京に出かけた。私は出張のときはできるだけ誰かの家に泊まらせてもらう。ビジネスホテルが苦手、そして私は極端に怖がりなのだ。一人で寝ていてお化けが出たらどうしようとか、シャワーをしていて鏡に誰かが映ってたらどうしようとか、この手の妄想のレベルは小学生の頃から何も変わっていない。

「お寺に暮らしてるくせによく言うわ」と友人にはからかわれるのだが、本当なのだから しょうがない。それにせっかく単身で過ごす夜を謳歌したい。寝るギリギリまで誰かとおしゃべりして起きたらまたおしゃべりしていたいのだ。そんなことを言うと麻子さんに「私はビジネスホテルも大好きだし、一人になりたいけど」と不思議がられる。

というわけで今回の三泊四日もwarmerwarmerの高橋家（ここには一番お世話になっていて東京の我が家となっている）編集者のSさん宅、イラストレーターの平澤まりこ宅にお世話になった。

今回は平塚市美術館で開催中の秋野不矩展を観たり、編集者の林さやかさんと打ち合わせをしたり、福音館書店で編集者の佐々木紅さんに会ったり、メリーゴーランドの元スタッフでイラストレーターの後藤美月&三浦健夫婦に生まれたほやほやのろくちゃんに会いに行ったり、東京都現代美術館でのミナペルホネンのレセプションに参加したりと盛り沢山だった。

出発の前の日に行程を迅くんに説明していると、「東京のガールフレンドたちに会いに行くようやな」と感心された。

旅は大好きだけれど私の場合、行きたい場所も見たいお店も特別ある訳ではない。それよりも人に会いたい。誰かと美味しいご飯を食べておしゃべりして過ごす時間こそが私の活力になるのだ。眠っている時間以外は本を読んでいるかおしゃべりしている東京出張だった。満足！

○月○日

私が東京から帰ってくる日、麻子さんは石井睦美《むつみ》さんのレクチャーのために四日市に出かけて行き、翌日休みを取っていたので、五日ぶりの再会。その間、世間は桜を見る会やらなんやらで騒がしくしていたので私たちは話したいことが山盛りになっていた。「おはよー長い間留守したね、ありがとう」と言う私を見て麻子さんは、「お元気でしたか？ というか元気ですよね！」と言った。なんでもお見通しだ。

お客さんが引けると私たちはお互い離れていた間に起こった出来事を報告し合った。家にいても店にいてもこうして報告できる人がそばにいるのはいいもんだ。

○月○日

新しい自転車がやって来た。長い間いつか欲しいと思っていた自転車だ。京都は自転車があれば大抵どこでも行けるこぢんまりした街なので自転車はとても大事。

攝は最近毎朝の迅くんとの練習のお陰で随分と上手に自転車に乗れるようになってきたし、子ども用のシートを着けていた三人乗りの自転車の調子がすこぶる悪くなっていたので満を持して買い替えだ。

新しい自転車はとてもシンプルで惚れ惚れするほどかっこよく乗り心地は最高。乗る姿は『ニュー・シネマ・パラダイス』のアルフレードのようでウインドウに映る自分の姿を見ないではいられない。危ないので気をつけたい。

○月○日

先日の林さやかさんとの打ち合わせで「潤さん、これで脱稿としましょう」と言われ唖然としたことを思い出す。毎朝九時過ぎには家を出て出勤までの間、あちこちの喫茶店を渡り歩いて原稿を書いてきた。そのサイクルがなかなか調子よく気に入っていたのだ。

九時に家を出るために朝の仕事の時間割もあれこれ工夫をした。「もう書かなくて良い」と言われてしまいこの情熱を何処に向けたらいいのかと思ったのだ。

実際やるべきことは他にもいくらでもあるのだから何も心配することはないのだけれど。私は書くことが好きなのだなと改めて思った。

○月○日

富山県入善町《にゅうぜんまち》にある念興寺さんで開かれた「ぶっく寺す」というイベントで講演をした。小さな子どもとお母さんが来てくれるのかと思っていたら御門徒さんが多く年齢層は高め。これはこれで話したいことが山ほどあるのだ。

今回は迅くんも「りいぶる・とふん」として出店するので、家族で前日から出かけた。子連れで講演会に出かけるのは滅多にないので、なんとなく落ち着かなかったけれど、ちょうど日曜美術館で秋野亥左牟《いさむ》特集の放映があり、その内容がとても良く、亥左牟ちゃんから「大丈夫」と言ってもらった気がした。

よそのイベントやお寺さんにお邪魔する機会があまりない私はあれこれと興味深かった。いろんな家があってそれぞれのやり方があるのだ。瓜生《うりゅう》義寛さん、美雪さんご夫婦にはとてもお世話になった。

○月○日

今日は大阪の府立図書館である本の編集会議がある。その前にスタバで原稿を書こうと立ち寄ると店内はとても賑わっていた。最近は日本人のお客さん半分、外国のお客さん半分という感じだ。外国語の会話はBGMのようで心地よくいつも外国人のお客さんの隣に席を取ってしまう。

ふと見ると腰の大変曲がったお婆さんがトレーに載せた食器を返そうとしていた。とっさに「お手伝いしましょうか？」と声をかけてトレーを受け取り食器を返し、自分の席に戻ると、隣の席の外国の人と目が合った。彼女は電話をしていたけれど私に向かって軽くウインクしたのだ。それは「ありがとね！」と言っているようで妙に気分が良かった。こんなさり気ないコミュニケーションが取れるようになりたいものだ。

○月○日

四日市のメリーゴーランドでは四〇年間毎年レクチャーといっていろんな分野の方をお招きして講演会を開いている。講師を依頼するのは増田さんの仕事だったけれど、ここ数年はスタッフでリクエストを募って麻子さんが依頼することも増えてきた。

麻子さんが依頼の手紙を書くと時々「どうですか？」と見せてくれる。これがとてもいいのだ。「こんなええ手紙もらったら私やったら絶対受けるわ」と思わず言った。「こんな手紙もらえるなんてええなー私にも書いてよ」と言ってみると「いつか気が向いたら」とそっけない返事が返ってきた。

○月○日

珍しく夢を見た。

弓道場にいて弓を引いているのだけれど、どうしても矢を放てない。隣ではみんなどんどんと矢を放っていて的に当てている。私は誰かと話していて「いやー卒業以来やってないからきっと上手くできないと思うんですよねー」とかなんとか言い訳がましいことを言っているのだ。

結局私は一本も矢を放てないまま目が覚めた。「当たるかどうかなんてどうでもいいからやってみたらいいのに！」と自分に呆れてしまった。

○月○日

「のどかわいたからジュースのんでくるわ」と攝が言ったので、お寺にジュースを飲みに行ったと思っていたら、向かいの駐車場のやまちゃんの声が聞こえて来た。

玄関のほうに行くと攝が玄関でやまちゃんに向かってジュースを飲むジェスチャーをしているのだ。「何やってんの?」と聞くと「なんでもない、なんでもない」と一応慌ててごまかそうとしている。

やまちゃんには「セッちゃん一日に一本やわー二本はあかんでぇー」と言われていた。どうやら無言の合図でおねだりを覚えたらしい。攝は時々こうしてやまちゃんにジュースを買ってもらっていたのだ!「ちょっとごめんねぇー」と言いに行くと、「潤ちゃん、可愛いもんやでー」とやまちゃんは笑った。子どもたちのことをとても可愛がってくれて本当にありがたい。

○月○日

堺町画廊に展覧会のDMを持っていくとのじこ(伏原納知子《ふしはらのじこ》)さんは留守だった。展覧会中の作家さんがいたのでDMをことづけて帰ろうとすると、「豚足食べますか?」と尋ねられた。あまりにも唐突だったので返事に困っていると、「お客さんから差し入れにもらってたくさんあるから。鳥手羽だったら食べます?」と言われ手羽と柚子を一袋もらってしまった。

家に帰って迅くんに話すと「潤は食べ物をもらうのが得意やもんな」と言われる。「家にお腹を空かせた家族が待っているのです」的なオーラでも出ているのだろうか。頂いた手羽はとても美味しかった。

○月○日

ギャラリーの壁が大分傷んできた。板の壁面にクロスを貼ったほうがいいのだろうかと思い、クロスの見本帳を持ってきてもらったけれどどれもこれもしっくりこない。やはりクロスの質感が好きではないのだ。悩んだけれどパテ埋めをしてペンキを自分で塗ってみることにした。ペンキ代は五千円ほど、クロスの見積りは十万円だった。

メンンテナンスは大事だけれど唐突な出費には毎回頭を悩ます。麻子さんの使っているパソコンも買い換えなくてはいけないし、レジも新しくしなくてはいけない。何冊本を売ったら十万円が捻出できるのだろうと考えてしまう。けれどこの計算は大変切ない結果しか出てこないので、いつも気にしないようにしている。

○月○日

「今度お兄ちゃんになる子にいい本ありませんか？」とお客さんに尋ねられた。聞くと三歳のお孫さんにもうすぐ弟が生まれるのだと言う。これは本当によく聞かれる質問なので、世の中のお兄ちゃんお姉ちゃんになる予定の子どもたちは赤ちゃんが生まれるまでは「もうすぐお兄ちゃんね」と言われ、生まれた瞬間から「お姉ちゃんなんだから」と言われ続けるのだ。

「あまりストレートな内容のものより、お兄ちゃんになる子ならお姉ちゃんが主人公だったり、自分と似ているな……と少し距離をもって読める内容がいいと思うんです。きっとお兄ちゃんなんだからとこれからたくさん言われるだろうから……」と話しながら何冊かお勧めした。

お客さんが選んだのは松田奈那子著『みつけてくれる？』(あかね書房)だった。作者自身も四姉妹の長女である。

お会計を済ませたお客さんに「ありがとう。選んでもらって良かったわ。そして勉強になりました。ついついお兄ちゃんでしょって言っちゃうのよねー」と言われた。

私よりもずっと人生経験豊かな女性にそんな風に言われてハッとなった。その軽やかさに私もこんな風に歳を重ねたいものだなと思った。

○月○日

日々の昼食はお弁当をこしらえて店で食べている。近くには高島屋もコンビニもあるのでなんだって買えるのだがいざ買おうと思うと非常に困る。値段と内容で「これなら！」というものがないのだ。結局ご飯にお漬物だけでもいいからお弁当のほうが食べたときにホッとする。

最近のお気に入りは生活クラブの鳥肝をソースと少しのお水だけで煮付けた肝煮だ。これがあれば後は梅干しやおじゃこをカリカリに炒ってお醤油を垂らしたのを入れてお弁当は完成。彩りとは程遠く地味だけれどこれが一番いい。

肝煮を作っていると攝が覗いて「それ何？」と言うので「鶏の心臓や内臓やに」と答えると「ふーん、なんで人は他のどうぶつのしんぞうを食べてもええの？」と尋ねられた。攝の疑問はいつも鋭く、私はほとんどまともに答えることができない。

○月○日

秋も深まり京都は紅葉シーズン真っ盛りだ。けれど私は紅葉を見にどこかに出かけたことがない。混んだバスでの移動時間や人で賑わう観光地のことを想像しただけで「やっぱりいいや」とすぐに思ってしまうのだからなんとも張り合いのない性格だ。

これだから京都に暮らして一〇年以上経つのに金閣寺も二条城も行ったことがない。サンフランシスコの郊外に暮らしていたときにも結局どこにも行かなかった。せっかくだからロスやニューヨークに行ってみてもよかったのにいつも近所で満足していたっけ。

今朝は近所の佛光寺さんの境内にある銀杏の黄金色の絨毯を見に行った。落ち葉を掃除せず葉が自然に落ちるままにしていると木を中心に落ち葉がまあるい絨毯のようになるのだ。

他は綺麗に掃き清められているのにここだけ残しているお寺さんの気持ちがいつも素敵だなと思う。今年も見られてよかった。

○月○日

実家の三重から小包が届いた、中身は父が採ってきたはまぐりと毎年春になると母がこしらえる土筆のクリスタリゼ。父は相変わらず山や海に通っていて、山の幸、海の幸をこうして送ってくれる。母の土筆のお菓子は毎年楽しみにしている友人が多い。子どもの頃から父に連れられて、いつも山や川や海に何かを採りに行き、食べていた。母は藤やあけびの蔓を採ってカゴを編んでいたこともある。それらは趣味を楽しんでいるというよりは、もっと生きることに近かったように思う。

私はすっかり大人になったけれど、父や母のようにはなれてないなと時折思うことがある。

○月○日

出勤前に藤原辰史さんに会いに京大の研究室に行く。手土産にと錦市場でお揚げさんを二枚包んでもらう。毎度のことながら、なんとなくあっちかな、こっちかなと自転車を走らせて奇跡的になんとか到着。初めて伺う研究室は天井まで本がぎっしり詰まっていて、まるで生き物の巣のようだった。

今回は私が企んでいる計画の相談に伺ったのだが、藤原さんの話が面白すぎて話している間ずっと頭の中がぐるんぐるんしていてかなり興奮した。お揚げさんを「好物だ」と喜んでくれたのも嬉しかった。

○月○日

植本一子さんが撮影とトークのため東京から来てくれる。会うのは名古屋のオンリーディングでのトークを聞きに行ったのが初めてだったので、今回が二度目。「春休みだから娘たちも一緒に京都に行こうかな」と言っていたけれど、コロナの状況がだんだんと深刻になってきたので一子さんだけ来てくれた。

トークは盛況で一子さんも楽しんでくれて一安心。何より私もとても楽しかった。私は一子さんの写真を撮る様子がとてもチャーミングですっかり魅せられてしまった。書く文章も、撮る写真も、話すことも全てが地続きな人なのだと納得。

○月○日

店に行こうと歩いているとご年配の二組のカップルが写真を撮ろうとしているところに出くわした。「誰かにお願いしましょうよ」という声が聞こえてきたので「撮りましょうか?」と声をかけると「じゃあお願いします」とスマホを渡された。二枚ほど撮ってお返しすると「あなたもご旅行ですか?」と尋ねられた。「私はこの辺に住んでいるんです」と言うと「毎年この季節にこのメンバーで京都に旅行に来るんですよ」ととても楽しそうに話してくれた。

何気ない会話だったけれどみなさんとても仲よさそうで、楽しげで私までなんだか嬉しくなった。こんな風に一言二言だけでいいのだ。旅行で訪れた人も地元の人もさり気無いやりとりだけでいい一日が過ごせるような気持ちになるものだ。道ですれ違う人みんなと会話するわけにはいかないけれど、店に来てくれた人が「今日は良い一日だった」と思えるひとかけらをメリーゴーランドで感じてもらえたらこんなにうれしいことはないと思う。

おわりに

洗濯物を干しながら、消費税が一〇%になる前に新しい自転車を買おうかとぼんやり考えていた。けれど今決断するのはなんだか増税に踊らされているようで面白くない。何かもっと確固たる理由が欲しかった。そこで「もう一冊本を書くことができたら、そのご褒美にしよう」と考えたのだ。

その手の妄想はしょっちゅうなので、そんなことを考えていたことも忘れ店に行き、メールチェックをしようとパソコンを開くと見慣れない差出人の名前が目に止まった。そこには「本を書きませんか?」と執筆の依頼があった。それがこの本の編集者林さやかさんとの出会いだ。

メールを読んで体温がグンっと上がるのを感じた。

夢かもしれないと、何度も林さんからのメールを読み返し、早速返事をしようとするのだけれど気持ちがせいてもどかしくなり、電話をすることにした。

突然電話があったので林さんはとても驚いただろう。後で「編集をしていると待つことが多いのであんなにすぐに返事が来るなんて驚きました」と話してくれた。

私は早速執筆のためにパソコンを買いに行き、その日から少しずつ書き出した。ちょうど一年前のことだ。

いろんなことがあった一年だった。撮の小学校の入学式で知り合った磯田道史さん一家とは、一年生と四年生の子どもたちがそれぞれ同じクラスという不思議な縁で、お互いの家を行き来する仲になった。今年（二〇二〇年）初めにあった京都市長選（二月二日投票日）では、これまでになく選挙の行方に注視し、また積極的に関わりもして、家族で応援した候補者の福山和人さんの街頭演説を聞きに行ったりもしたし、開票日には居ても立っても居られず選挙事務所まで出かけて行った。自分たちの暮らす街のリーダーを自分たちで選びたいとこんなにも強く思ったことはなかった。

三月五日、新型コロナウイルスの影響で小学校が休校に。店は四月中旬から営業を自粛し休業している。予定していた荒井良二さんやみやこしあきこさんの展覧会を延期にすることにしたけれど、このままでは店が立ちゆかなくなるのは目に見えているので、オンラインストアを開設した。

私は機械にめっぽう弱い。専門用語が出てくるだけで頭の中でシャッターが閉まって思考が停止するのだ。麻子さんも決して得意なほうではないのに、半ば強引にIT大臣に任命されてしまい頑張っている。

四月十一日に予定していた藤原辰史さんの講演会を一旦延期としたものの、今どうしても藤原さんの話を聞きたいと思い、ミシマ社の三島邦弘さんに相談して「パンデミックを生きる構え」と題してオンラインでのトークイベントをミシマ社と共催で開催した。今、そしてこれから人がどうあるべきなのか、歴史から紐解いて思考を語る藤原さんの話に多くの人が耳を傾けた。国内だけでなく海外から申し込んで聞いてくれた人もいる。三時間近くのトークイベントは、目の前にあるのはパソコンの画面なのだが、参加している人たちの熱量を確かに感じた、忘れがたい体験だった。

営業できない状況を嘆いても何も始まらないのだ。発想の転換が必要だと感じる日々だった。そんな状況から生まれてくるものが必ずあるはずだと信じたいと思った。こんな時を一緒に考え、動いていける仲間がいることに支えられた。


コロナ後、世の中は以前と同じような世界だろうか。見かけはそう見えるかもしれないし、そのうちコロナなどなかったことのようになるだろうか。けれど、本当にそれを望んでいるかと自分に問うてみる。

こんなにもひっそりとした桜の季節を過ごしたことはなかった。外国からのお客さんで溢れかえっていた京都の街はしんとして、きっと一昔前はこんな風だったのだろうと考えたりした。講演も出張の予定も子どもたちのプールや少年野球の予定も全てなくなり、手帳は三月から開くことさえなくなった。不安もあるのだけれど立ち止まるしかなく、どこかほっとしている自分がいることに少し驚いた。大人も子どもも持て余すほどに時間がある。学校から届く山ほどの宿題にうんざりし出した頃、磯田家と一緒に家族新聞を作ろうという話が出た。題して『ウィークリーコロナ』。これが結構楽しくて、みんな夢中になって記事を書き、現在三号まで発行した。

「せっちゃんたちは大人になれるんやろか」、七歳の攝のつぶやきを聞いた時、どきりとした。本人はそんなに切実な思いで口にしたわけではないようだったけれど、「大丈夫やに」と言いながら確信などどこにもないことに愕然とした。

私の残せるものは何なのだろう。伝えられるものは何なのだろう。最近はそんなことばかり考えながら暮らしている。ここ数ヶ月で感じた不安や大切にしたいと再確認したことはたくさんあったはずだ。友人や家族、目の前の子どもたちと語り、共に考え続けていきたい。

本屋でふと手に取る本、惹かれる本のデザインを見るといつも寄藤文平さんの名前があった。いつか会ってみたいと願っていた植本一子さんに写真をお願いすることができた。林さんはどんどんと走り出してしまう私を振り返らせ、立ち止まらせてくれた。たくさんの方の力と思いが集まって本が形になっていくことに改めて感動した。

私たちが、これからもよく読み、よく食べ、よく語り、考え続ける日々を送れますように。

鈴木潤

二〇二〇年五月　休校中の子どもたちと戯れながら

2020年3月、家族と

鈴木潤 すずき・じゅん

一九七二年、三重県四日市生まれ。
子どもの本専門店「メリーゴーランド京都」店長。
一九九六年、四日市の子どもの本専門店
「メリーゴーランド」で働き始める。
四日市では主に企画を担当し、
毎月行われているレクチャーや子どものキャンプ、
国内外の作家や子どもの施設を訪ねるツアーなどを
手がけ、二〇〇六年、京都店の出店と共に京都に移住。
雑誌、ラジオ、テレビなどでの絵本の紹介、
子育てにまつわるエッセイの執筆、
講演会など、多方面で活躍。著書に
『絵本といっしょに まっすぐまっすぐ』
(アノニマ・スタジオ)がある。
少林寺拳法弐段。

物語《ものがたり》を売《う》る小《ち》さな本屋《ほんや》の物語《ものがたり》
メリーゴーランド京都は子どもの本専門店

2020年6月25日 初版

著　者　鈴木潤

発行者　株式会社晶文社
東京都千代田区神田神保町1-11
〒101-0051
電話 03-3518-4940(代表)・4942(編集)
URL http://www.shobunsha.co.jp

印刷・製本　中央精版印刷株式会社

ISBN978-4-7949-7178-4 Printed in Japan

好評発売中

市場のことば、本の声　宇田智子

店に立ち、市場のことばに耳を傾ければ、今日も人と本が豊かに、楽しげに行き交う——。沖縄の本を地元で売ることにあこがれて、那覇に移住して9年。店先から見えてきた、そして店先で考えてきた、本のこと、人のこと、沖縄のこと……。古本屋の店主にして気鋭のエッセイストが新たな視点で綴る、珠玉のエッセイ集。

橙書店にて　田尻久子

熊本の路地裏にある「橙書店」。本屋であり、喫茶店であり、ギャラリーでもある。ちいさな店に集うお客さんを店主はそっと見つめ、書棚の向こう、かそけき声に寄り添う。雑誌『アルテリ』に寄稿してくれたハンセン病患者「関さん」と交わした握手……ほか、33篇の物語。第41回（2020年）熊日出版文化賞受賞。

cook　坂口恭平

「やってみよう、やってみよう。やれば何か変わる」。色とりどりの料理と日々の思索を綴った、写真付き30日間自炊料理日記「cook1、2」と料理の起源へと立ち戻るエッセイ「料理とは何か」を収録する、これまでにない、詳しいレシピも料理の作り方も載っていない、（記憶で料理をつくる）新世紀の料理書。カラー図版多数。

古来種野菜を食べてください。　高橋一也

古来より、一度も絶やされることなく連綿と受け継がれてきた「命」があります。それが古来種野菜たち。しかし、その種がいま、途絶えようとしています。本書では、古来種野菜の魅力を余すところなく伝えるとともに、野菜を取り巻く環境について、「八百屋」だからこそ見えてくる視点から熱く語ります。

子どもの本屋はメリー・メリーゴーランド　増田喜昭

田んぼの中に子どもの本専門店「メリーゴーランド」を開いて25年。面白い本を読んだら人に勧めたい。スゴイ人に会ったらみんなに会わせたい。子どもと一緒に本を読み、川をのぼり、落語をきく。アイデアあふれる店主の小さなひらめきから、大きな感動をつくりだす本屋術。「遊び心に満ちた私の大好きな本屋さんである」（河合隼雄氏評）。

子どもの本屋、全力投球！　増田喜昭

ここは本屋か、図書室か。立ち読み大歓迎。紙芝居や読書会もやる。本嫌いの子はよっといで！　やりくりは苦しいけれど負けられない。子どもたちに本当に読んでもらいたい本を選び売る。田んぼの中の小さな本屋の大きな夢。「ふるさと四日市の町で七年間全力投球、頑固にわが道をゆく、ヒゲの本屋チーム奮闘記」（朝日新聞評）。